职业教育·铁道运输类专业教材
国家高技能人才培训基地项目成果

# 铁路车站自动控制系统维护

何　帆　李　泽　王凤姣　主　编
　　周　凤　高海燕　副主编

人民交通出版社

北京

# 内 容 提 要

本教材系统介绍了铁路车站信号系统主要技术,编写内容紧密联系一线生产实际,包括5个项目:联锁的基本要求,介绍了车站信号平面布置图以及联锁表编制的要求;道岔控制设备维护,介绍了常见道岔控制电路分析、故障处理及转辙机日常维护保养;信号机点灯电路检修与故障处理,介绍了色灯信号机的检修与测试及电路故障处理;6502电气集中设备维护,介绍了选择组电路及维护,执行组电路及维护和故障排查;计算机联锁设备维护,介绍了计算机联锁系统基础知识,计算机联锁系统的软硬件设备组成、工作原理及应用。

本教材可用于铁道信号自动控制专业教学与实践,指导理论教学及实践课程,旨在提高学生的综合技术素质,使教学内容与实际工作更加贴近。

本教材配有多媒体教学课件,任课教师可加入"职教铁路教学研讨群"获取(教师QQ群号:211163250)。

## 图书在版编目(CIP)数据

铁路车站自动控制系统维护 / 何帆,李泽,王凤姣主编. — 北京 :人民交通出版社股份有限公司,2025.
6. — ISBN 978-7-114-19862-5

Ⅰ. U284.92

中国国家版本馆 CIP 数据核字第 2024C4P260 号

职业教育·铁道运输类专业教材
国家高技能人才培训基地项目成果
Tielu Chezhan Zidong Kongzhi Xitong Weihu

| | |
|---|---|
| 书　　名: | **铁路车站自动控制系统维护** |
| 著 作 者: | 何　帆　李　泽　王凤姣 |
| 责任编辑: | 司昌静 |
| 责任校对: | 龙　雪　武　琳 |
| 责任印制: | 张　凯 |
| 出版发行: | 人民交通出版社 |
| 地　　址: | (100011)北京市朝阳区安定门外外馆斜街3号 |
| 网　　址: | http://www.ccpcl.com.cn |
| 销售电话: | (010)85285911 |
| 总 经 销: | 人民交通出版社发行部 |
| 经　　销: | 各地新华书店 |
| 印　　刷: | 北京科印技术咨询服务有限公司数码印刷分部 |
| 开　　本: | 787×1092　1/16 |
| 印　　张: | 9 |
| 字　　数: | 220千 |
| 版　　次: | 2025年6月　第1版 |
| 印　　次: | 2025年6月　第1次印刷 |
| 书　　号: | ISBN 978-7-114-19862-5 |
| 定　　价: | 40.00元 |

(有印刷、装订质量问题的图书,由本社负责调换)

# 前　言

**【教材编写背景】**

铁路是国家重要的交通基础设施,是综合运输体系的骨干,在推动我国经济社会快速发展中起着重要作用。随着铁路信号技术的变革,对铁路技术技能人才的能力要求也越来越高。本教材系统阐述了铁路车站信号系统主要技术,具有时代性、现实性,并有很强的可实施性。编写内容紧密联系一线生产实际,可作为教学实践基础资料,指导理论教学及实践课程,旨在提高铁道信号自动控制专业毕业生的综合技术素质,使教学与实际工作更加贴近。

**【教材编写特色】**

本教材融入了多年教学实践经验,编写特色如下:

1. 数据更新,紧跟铁路信号行业发展

为了紧跟铁路信号行业发展,本教材在编写过程中吸收和总结了我国铁路信号行业发展的新技术和中国国家铁路集团有限公司(简称:国铁集团)发布的新规范及新的统计数据,将这些高速铁路相关知识融入对应的项目任务中,以"为专业方向课程奠定基础"为目的,使学生掌握铁路信号基础设施、设备等方面的基本知识,顺利地进入铁道信号自动控制专业核心技能模块的学习。

2. 校企融合,遵循职业教育发展理念

本教材的出版得到中国铁路成都局集团有限公司等企业的大力支持。编写组深入相关企业进行广泛调研,把岗位需求、企业规范、行业发展的内容融入教材,使得教材内容更加全面、系统,贴近生产一线。

**【教材编写内容】**

本教材共分为5个项目:项目1联锁的基本要求,本部分介绍车站信号平面布置图以及联锁表编制的要求;项目2道岔控制设备维护,本部分介绍常见道岔控制电路分析、故障处理及转辙机日常维护保养;项目3信号机点灯电路检修与故障处理,本部分介绍了色灯信号机的检修与测试及电路故障处理;项目4 6502电气集中设备维护,本部分介绍了选择组电路及维护、执行组电路及维护;项目5计算机联锁设备维护,本部分介绍了计算机联锁系统基础知识,计算机联锁系统的软硬件设备组成、工作原理及应用。

本教材由重庆交通职业学院何帆、李泽、王凤姣担任主编,负责确定教材提纲及整体框架;重庆交通职业学院周凤、高海燕担任副主编,负责全书统稿。本教材编写分工为:项目1、项目2由重庆交通职业学院何帆编写,项目3由重庆交通职业学院李泽编写,项目4由重庆交通职业学院高海燕、李泽编写,项目5由重庆交通职业学院周凤编写。

**【致谢】**

本教材参考引用了铁路信号研究领域专家、学者的著作和成果,特此向各位著作者致以衷心的感谢!

鉴于编写水平和经验所限,书中或存在疏漏和不当之处,恳请读者予以指正,以便修订和完善。

作　者

2024年6月

# 数字资源索引

# 目 录

# 联锁的基本要求

## 项目描述

　　联锁是保证行车安全的重要技术措施,是指信号设备与相关因素的制约关系。联锁系统作为行车安全的保障系统,其可靠性、安全性都有严格的要求。为保证行车安全,联锁关系(信号机、道岔和进路间相互制约的关系)必须十分严密。本项目的内容是车站联锁设备维护的重要基础,通过本项目的学习,学生将能够编制联锁表,操作联锁设备。

## 项目要求

　　熟练掌握联锁的基本概念、各种联锁关系及联锁表的识读方法、联锁设备的基本组成,达到车站信号设备维修的信号工及联锁技术人员岗位要求。

## 项目目标

| 知识目标 | 1. 理解车站信号联锁的基本概念。<br>2. 熟练掌握车站联锁表中每一栏符号表示的意义。<br>3. 熟练掌握各种进路应检查的联锁条件及其在联锁表中的表示方法。 |
| --- | --- |
| 技能目标 | 1. 能够识读联锁表,校核各种联锁关系,完成联锁表的编制。<br>2. 能够根据车站信号平面布置图,确认车站联锁设备类型、数量。<br>3. 能够根据联锁表内容办理列车进路。 |
| 素养目标 | 1. 培养严谨认真的工作精神、一丝不苟的工作态度。<br>2. 培养团队合作精神,秉承安全至上原则。 |

## 实施载体

　　车站计算机联锁系统包括车站信号平面布置图、继电器组合架、控制台等。在铁路车站,列车或车列在站内运行时所经过的路径称为进路。每一条进路都经由一组或若干组道岔,道岔的位置不同,则进路不同。每一条进路必须有信号机防护。为保证列车运行及调车作业的安全,站内相关信号机、道岔、进路及车载设备之间必须建立相互制约的关系,这种关系称为联锁关系,简称联锁。

　　按照联锁的技术要求,用电气的方法在室内对室外信号机、道岔、进路进行集中控制和监督,这种控制方式称为电气集中联锁。目前,我国铁路车站基本上都实现了集中控制和监督。

为了便于理解联锁的有关概念,本项目以站场车站信号平面布置图为例进行介绍。通过学习,学生将能根据所在车站的车站信号平面布置图,熟练掌握所在车站各种进路的范围及应该检查的联锁条件。

# 任务1-1 车站信号平面布置图

## 任务描述

车站范围内受联锁关系制约控制的道岔和线路称为联锁区,在电气集中车站,联锁区也称为集中区。一般规模较小的车站,所有线路和道岔基本上都在联锁区内。有的车站规模较大,站形复杂,车站范围内有货场线、编组线等,车站范围外还有与车站相连的专用线、机车出入线等,这些线路无法纳入车站集中区内,因此称其为非集中区。为保证车站的作业安全,必须划分清楚集中区与非集中区。车站信号平面布置图设计是对学生所学课程进行训练的实践性教学环节,是紧密联系工程实践、培养学生独立工作能力的主要步骤。车站信号平面布置图设计的教学过程是实现本专业人才培养目标的重要阶段,是学生学习的单项训练阶段。

## 任务目标

1. 理解车站联锁的基本概念,了解联锁集中区的划分原则。
2. 了解联锁道岔和进路的有关概念,理解车站联锁的各种制约关系。
3. 理解建立进路应检查的基本联锁条件,能够完成对车站联锁条件的检查。
4. 运用所学知识对给定的车站进行信号平面布置图设计,完成信号机设置、轨道区段划分、信号机坐标确定、道岔坐标确定等内容,并利用CAD或Visio软件画出完整的车站信号平面布置图。

## 任务指导

### 一、联锁

列车和调车车列必须依据信号的开放而通过进路,即每条进路必须由相应的信号机来防护。如进路上的道岔位置不正确,或已有车占用,或敌对信号已开放,进路未锁闭,有关的信号机就不能开放;信号开放后,其所防护的进路不能变动,即此时该进路上的道岔不能再转换,且敌对信号不能开放。信号机、道岔、进路之间这种相互制约的关系,称为联锁关系。

### 二、联锁道岔

在车站联锁区范围内纳入联锁的道岔称为联锁道岔。

**1. 道岔的定/反位**

每组道岔都有两个位置:定位和反位。道岔的定位是指道岔经常开通的位置,而另一个排列进路时改变的位置则称反位。

确定道岔定位的原则:

(1)单线车站正线上的进站道岔,以由车站两端向不同线路开通的位置为定位,由左侧行车制决定。道岔的定/反位如图1-1所示,以1号道岔开通 I G为定位,2、4号道岔开通 II G为定位。

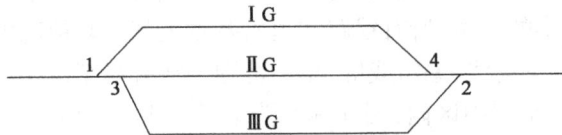

图1-1 道岔的定/反位

(2)双线车站正线上的进站道岔,以向各该正线开通的位置为定位。

(3)所有区间及站内正线上的其他道岔,除引向安全线及避难线者外,均以向各该正线开通的位置为定位。

(4)引向安全线、避难线的道岔,以该安全线及避难线开通的位置为定位。

(5)侧线上的道岔除引向安全线和避难线者外,以向列车进路开通的位置或靠近站台的进路开通的位置为定位。

站内其他道岔的定位,由车站依据具体情况决定。

**2. 联动道岔**

排列进路时,几组道岔中若一组要在定位,则其他组都要在定位,若一组要在反位,则其他组都要在反位,这些道岔称为联动道岔,也称双动道岔。两组道岔必须同时转换,否则不能保证行车安全。

复式交分道岔包括两组尖轨和两组可动心轨,需4台转辙机牵引。其中前一组尖轨和前一组可动心轨联动,后一组尖轨和后一组可动心轨联动。复式交分道岔如图1-2所示。根据不同的站场布置,可能有三动、四动和假双动道岔(室外由2台转辙机牵引,室内道岔电路按单动道岔处理的双动道岔)的情况。如图1-3(a)所示,2、4、6号道岔为三动道岔,记为2/4/6号道岔,简记为2/6号道岔;8、10号道岔为假双动道岔,记为8/(10)号道岔。如图1-3(b)所示,2、4、6、8号道岔为四动道岔,记为2/4/6/8号道岔,简记为2/8号道岔;10、12号道岔和14、16号道岔为假双动道岔,分别记为10/(12)号道岔、14/(16)号道岔。

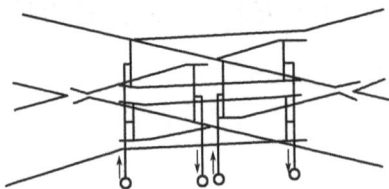

图1-2 复式交分道岔

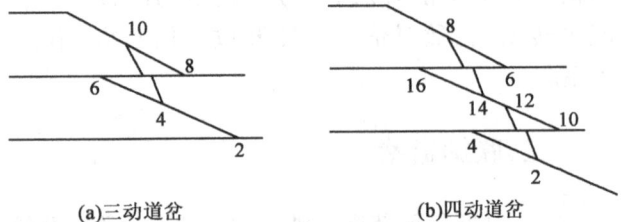

(a)三动道岔    (b)四动道岔

图1-3 三动道岔和四动道岔

### 3. 防护道岔

为了防止侧面冲突,有时需要将不在所排进路上的道岔置于防护位置并予以锁闭,这种道岔称为防护道岔。

如图1-4(a)所示,下行经3/5号道岔反位接车时,1号道岔不在该进路上,专用线方面也无长大坡道,但因1号道岔是引向专用线的道岔,应使其锁闭在定位,开通安全线方向,以免专用线方面调车车列闯入D1信号机,在5号道岔处造成侧面冲突。

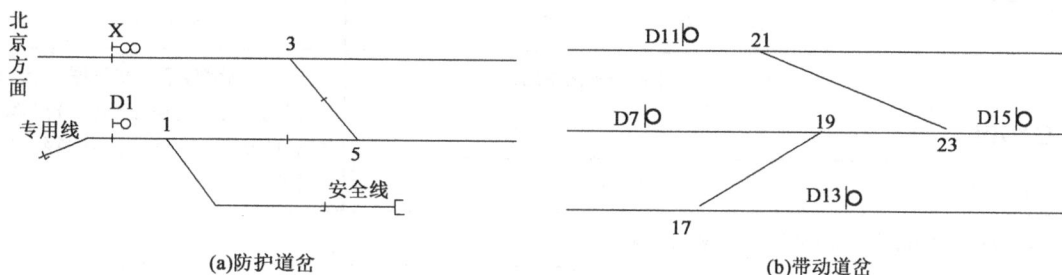

图1-4 防护道岔和带动道岔

经由交叉渡线的一组双动道岔反位排列进路时,应使与其交叉的另一组双动道岔防护在定位。例如,上行5G正方向发车时,1/3、9/11、21号道岔需锁在反位。13/15号道岔不在该进路上,但为了防止侧面冲突,应使其防护在定位。否则,排列经9/11号道岔反位进路时,若允许再排列经13/15号道岔反位的进路,将会在交叉渡线处造成侧面冲突。将13/15号道岔防护在定位,经两组双动道岔反位的进路就不能同时建立,而且由于9/11号道岔已锁在反位,经两组双动道岔定位的进路也不能建立,可避免侧面冲突的发生。

### 4. 带动道岔

为了满足平行作业的需要,排列进路时还需把某些不在进路上的道岔带动到规定位置,并对其锁闭,这种道岔称为带动道岔。如图1-4(b)所示,D11至D15进行调车作业,进路未经过17/19道岔,但是为满足平行作业需要,可以将17/19道岔带动至定位。

例如,下行4G接车时,要求5/7、1/3、9/11、13/15号道岔在定位,17/19、27号道岔在反位。23/25号道岔不在该进路内,但考虑平行作业,需将其带动至定位。因23/25的23号道岔与17/19的17号道岔同属17-23DG区段,若23/25号道岔反位时锁闭了下行4G接车进路,它就被锁在反位,不能再排列经23/25号道岔定位的进路。如东郊方面至4G的接车进路须等17-23DG解锁后才能建立,这就影响了平行作业的进行,降低了效率。如果在建立下行4G接车进路时,将23/25号道岔带动至定位再锁闭,就能满足平行作业的要求。

对防护道岔必须进行联锁条件的检查,防护道岔不在防护位置,进路则不能建立。对带动道岔则无须进行联锁条件检查,能带动到规定位置就带动,带动不到(若仍被锁闭)也不影响进路的建立,此种情况不涉及安全问题,只是会影响效率。

## 任务实施

### 任务1-1　车站信号平面布置图实训工单

| 班级及小组编号 | | 成员姓名 | |
|---|---|---|---|
| **任务描述** | | | **预期目标** |
| 任务名称 | 认识车站信号平面布置图中的道岔 | | 通过车站信号平面布置图,认识道岔编号,掌握道岔编号规则,分清单动道岔、联动道岔,会辨别防护道岔和带动道岔。 |
| 任务编号 | 1-1 | | |
| 任务类型 | 理实一体 | | |

1. 根据以下车站信号平面布置图,回答相关问题。

| 车站信号平面布置图 | 单动道岔有哪些? | 联动道岔有哪些? |
|---|---|---|
| 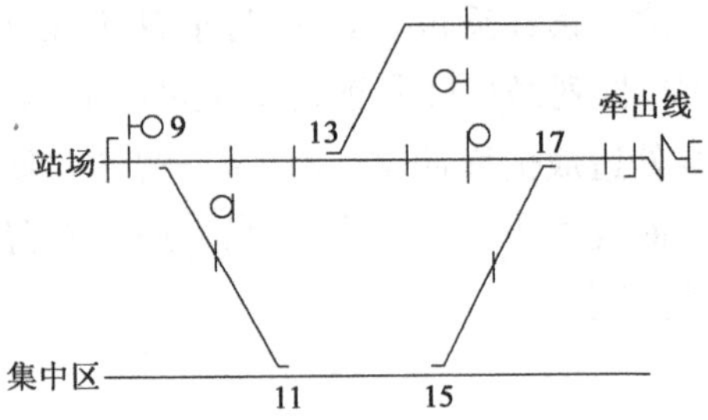 | | |
| 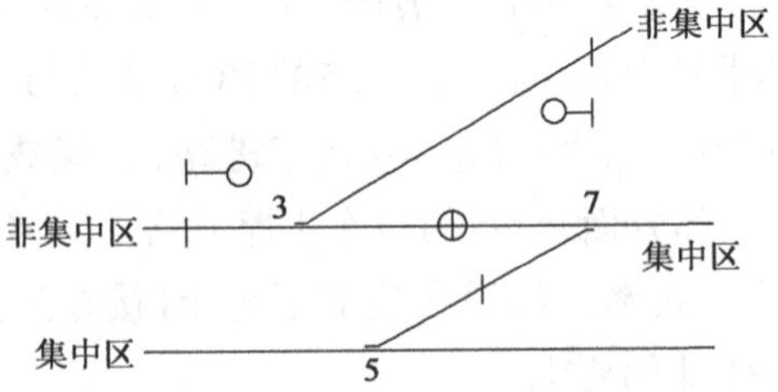 | | |
| 思考:单动道岔和联动道岔有哪些区别? | | |

2. 根据下方车站信号平面布置图完成任务。

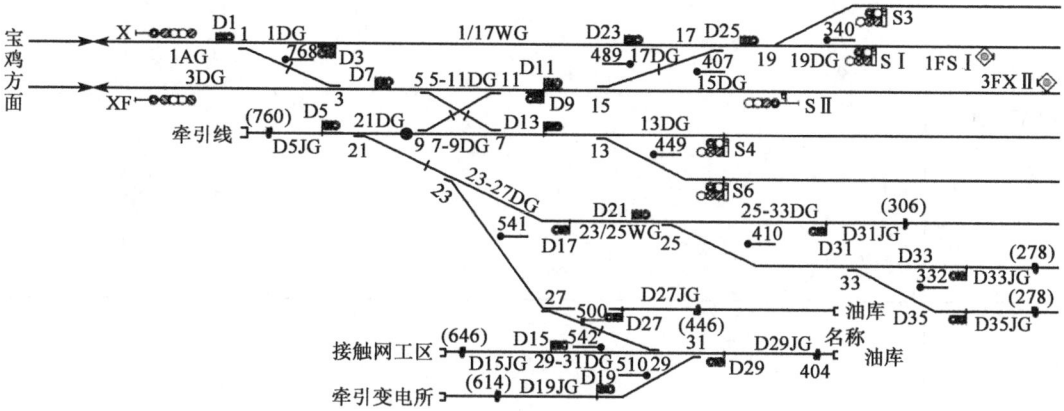

| 单动道岔： | 双动道岔： |
|---|---|
| | |
| 带动道岔： | 防护道岔： |
| | |

道岔编号规则：

| 3. 调研你家乡的车站,根据车站情况绘制车站信号平面布置图。 | |
|---|---|
| 上行方面 | |
| 下行方面 | |
| 掌握技能 | |
| 实训收获 | |
| 总结 | |

| 案例分析 |
| --- |
| 　　京广线××车站在461次列车通过区信号机后,前方区1信号机显示两个绿灯,表示经道岔侧向位置开往次要线路,限速45km/h。但司机没有认真瞭望和确认信号,仅凭经×信号机时驾驶室内机车信号显示一个绿灯就臆测行车,没有及时采取制动减速措施,而是以110km/h的速度通过道岔的侧向位置,导致列车脱轨倾覆,造成9人死亡、15人重伤、25人轻伤的旅客列车重大事故。<br>　　这起事故的主要原因是司机没有认真确认地面信号显示,同时,信号设计人员联锁设计错误,造成机车信号错误显示绿灯,也是引发事故的重要原因。<br>　　在任何情况下都必须保证车站联锁关系的绝对正确,对各种联锁条件应进行完整准确的检查。<br>　　进路是车站内列车或调车车列由一点运行至另一点的全部径路。进路分为列车进路和调车进路。列车用的称为列车进路,调车用的称为调车进路。进路包括的道岔(包括防护道岔)必须处在规定位置。进路包括一个或数个轨道电路区段。<br>　　请通过案列分析设备联锁关系的相互影响。 |

| 学习效果评价 | | |
| --- | --- | --- |
| 评价指标 | 自我评价 | 教师评价 |
| 1. 知识学习效果 | | |
| 2. 能力目标达成度 | | |
| 3. 素质提升效果 | | |
| 本任务最终评价: | | |
| <br><br><br><br><br><br><br><br>教师签名:　　　　　　　年　　月　　日 | | |
| 注:1. 自我评价、教师评价和最终评价均采用等级表示,填写优、良、中、及格和不及格。<br>　　2. 最终评价作为本课程总评价内容之一。 | | |

# 任务1-2　联锁表编制

## 任务描述

　　联锁图表是车站联锁设备间联锁关系的说明,采用图和表的形式来表示。它由车站信号平面布置图和联锁表两部分组成,车站信号平面布置图展示了全站所有集中控制的道岔、信号机、线路及轨道电路区段的位置、数量等,联锁表则将进路、道岔、信号机和轨道区段之间的基本联锁关系用表格形式表示出来。电路设计是根据联锁图表的要求严密进行的,联锁试验和竣工验收时也以联锁图表作为检查工程质量的重要依据。因此,必须认真编制联锁图表,避免差错和遗漏。

## 任务目标

　　车站信号平面布置图是编制联锁表的主要依据,编制联锁表主要应标出以下目标:
　　(1)联锁区范围内的线路及非联锁区内与联锁区有密切联系的线路布置及编号。正线应以粗线标出。
　　(2)正线和到发线的接车方向,区间线路及机车走行线的运行方向。车站线路应以箭头表示其接车方向,双线双向运行时,实心箭头指示正方向,空心箭头指示反方向。
　　(3)联锁区范围内所有道岔的定位状态。
　　(4)信号机、信号表示器、轨道电路区段(含股道和无岔区段)等有关设备及其编号、名称和符号。
　　(5)信号机的灯光配列。
　　(6)轨道区段的划分。对不与信号机并置和不是渡线上的绝缘节,应标出其坐标,侵限绝缘节应用圆圈标出。
　　(7)与信号机位置有关的及侵限绝缘节处的警冲标坐标。
　　(8)信号楼(或车站值班员室)设置位置,并标出其中心公里标(距该线路起点的公里标)、联锁道岔和信号机距信号楼(或车站值班员室)中心的距离。
　　(9)进站信号机外方制动距离内接车方向平均换算坡度超过6‰线路下坡道示意图。
　　(10)站台的位置、宽度及线路间距,信号楼外墙至线路中心的距离。
　　(11)桥梁、涵洞的坐标和宽度。
　　(12)机务段闸楼的坐标。

## 任务指导

　　联锁表是根据车站信号平面布置图所展示的道岔、信号机、线路、轨道电路区段等情况,按规定的原则和格式编制的。联锁表以进路为主体,逐条地把排列进路需顺序按压的按钮、防护该进路的信号机名称和显示、进路要求检查并锁闭的道岔编号和位置、进路应检查的轨道电路区段名称,以及与所排进路敌对的信号填写清楚。

联锁表有以下各栏:

(1)方向栏。填写进路性质(通过、接车、发车、转场、调车或延续进路)和运行方向。

(2)进路号码栏。按全站列车进路和调车进路顺序编号,亦可按咽喉区、场分别编号。通过进路由正线接、发车进路组成,不另编号,仅将接、发车进路号码以分数形式填写。例如,接车进路号码为2,发车进路号码为8,通过进路就写"2/8"。

(3)进路方式栏。逐条列出列车及调车的基本进路。在较大车站,列车进路同时存在两种以上方式时,除列出基本进路外,还需列出一条变通进路作为第二种进路方式。

①列车进路:如将列车接至某股道时记作"至×股道"。列车由某股道发车时记作"由×股道"。列车由某信号机发车时记作"由×信号机"。列车通过进路时应记作"经×股道向××方向通过"。

②调车进路:如由D××信号机调车时记作"由D××"。调车至另一顺向调车信号机时记作"至D××"。调车至股道时记作"至×股道"。向尽头线、专用线、机务段、双线出站口等处调车时分别填记各由该线向集中区调车的调车信号机名称,记作"向D××"。当进站信号机内方仅能作调车终端时,应记作"至×进站信号机"。

③延续进路:区间接近车站一端接车方向有超过6‰线路下坡道而接车线末端又无隔开设备时,应列出有下坡道的一端向某股道接车进路的延续进路,并按接车进路方式检查延续进路上的全部道岔位置、轨道电路区段和敌对信号。当向某股道接车进路末端有多条延续进路时,应列出其推荐的进路。延续进路编号由接车进路号码和接车进路的第×条延续进路号码组成。

(4)排列进路按下按钮栏。填写排列该进路时需按下的按钮名称。

(5)确定运行方向道岔栏。当有两种以上方式运行时,为了区别开通的进路,应填写关键对向道岔的位置。

(6)信号机栏。填写排列该进路时开放的信号机名称及其显示、表示器。色灯信号机按显示颜色表示,进路表示器一般以左、中、右区分,如超过三个方向,以两组进路表示器组合后的灯位分别表示。

(7)道岔栏。顺序填写进路中所包括的全部道岔及其防护道岔和带动道岔的编号和位置。其填写方式举例如下:1/3,表示将1/3号道岔锁在定位;(5/7),表示将5/7号道岔锁在反位;[9/11],表示将9/11号道岔防护在定位;[(9/11)],表示将9/11号道岔防护在反位;{23/25},表示将23/25号道岔带动到定位;{(27)},表示将27号道岔带动到反位。

(8)敌对信号栏。填写排列该进路的全部敌对信号。其填写方式举例如下:

列车兼调车信号机的填写方式为:S5,表示S5信号机的列车和调车信号均为所排进路的敌对信号;S5L,表示S5信号机的列车信号为所排进路的敌对信号;S5D,表示S5信号机的调车信号为所排进路的敌对信号。

调车信号机的填写方式为:D1,表示D1信号机为所排进路的敌对信号。

有条件敌对时的填写方式为:〈1〉D1,表示经1号道岔定位的D1信号机为所排进路的敌对信号;〈(3)〉S5L,表示经3号道岔反位的S5信号机的列车信号为所排进路的敌对信号。

（9）轨道电路区段栏。顺序填写排列进路时须检查的空闲轨道电路区段名称。其填写方式举例如下：5DG,表示排列进路时须检查5DG区段的空闲;〈(21)〉21DG,表示当21号道岔在定位时排列进路须检查侵限绝缘区段21DG空闲;〈(25)〉25DG,表示当25号道岔在反位时排列进路须检查侵限绝缘区段25DG空闲。

（10）迎面进路栏。填写同一到发线（或场间联络线）上对向列车、调车进路的敌对关系,以线路区段名称表示。

（11）其他联锁栏。非进路调车:F,表示所排进路与非进路调车为敌对进路。当有多处非进路调车时,以F1、F2表示。得到同意:T,表示由本联锁区向其他区域排列进路需要取得对方同意。延续进路:Y,表示所排接车进路延续至另一咽喉线路末端。闭塞:BS,表示所排发车进路与邻站间的闭塞关系（含各种闭塞）。

非进路联锁的联系关系应单独列表,包括非进路调车的进路上应锁闭的道岔编号及位置、进路上应开放的信号机、检查侵限绝缘区段名称及照查关系（敌对信号）。

## 任务实施

### 任务1-2　联锁表编制实训工单

| 班级及小组编号 | | 成员姓名 | |
| --- | --- | --- | --- |
| 任务描述 | | 预期目标 | |
| 任务名称 | 编制联锁表 | 通过车站信号平面布置图,了解信号设备联锁关系,并根据要求编制对应联锁表。 | |
| 任务编号 | 1-2 | | |
| 任务类型 | 理实一体 | | |
| 1. 根据联锁表编制要求,回答相关问题。 | | | |
| 联锁表表头栏目 | 填写规范要求 | | 举例 |
| 方向 | | | |
| 进路号码 | | | |
| 进路方式 | | | |
| 排列进路按下按钮 | | | |

| 确定运行方向<br>道岔 | | |
|---|---|---|
| 信号机 | | |
| 道岔 | | |
| 敌对信号 | | |
| 轨道电路区段 | | |
| 迎面进路 | | |
| 侵限检查及其他<br>联锁 | | |

思考：联锁表反映的是哪些设备之间的联锁关系？

2. 根据下方车站信号平面布置图完成任务。

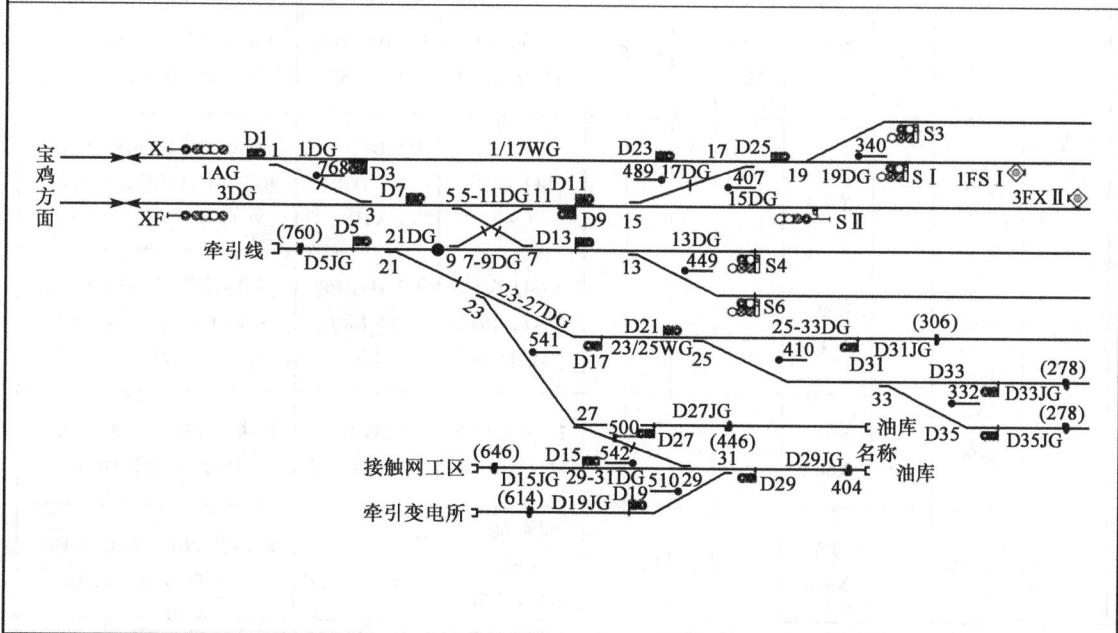

铁路车站自动控制系统维护

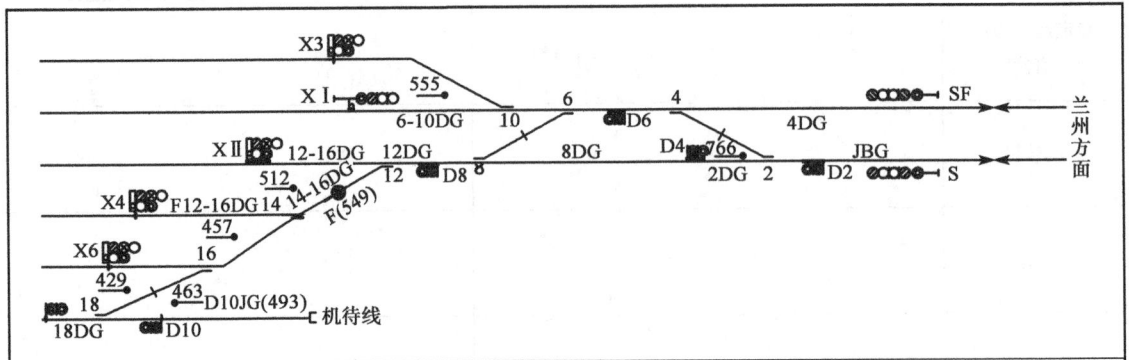

该车站分为上行咽喉和下行咽喉，进路有列车进路和调车进路，请根据车站站场分布，编制对应联锁表。

××车站上行咽喉站场联锁表

| 方向 | 进路 | 进路方式 | 排列进路按下按钮 | 确定运行方向道岔 | 信号机 名称 | 信号机 显示 | 信号机 表示器 | 道岔 | 敌对信号 | 轨道电路区段 |
|---|---|---|---|---|---|---|---|---|---|---|
| 正方向接车 | 至ⅡG | | SLA、XⅡLA | | S | U | | 2/4、6/8、10/12 | D8、D10、D24、XⅡD | ⅡBG、2-BDG、10DG、26DG、ⅡG |
| | 至3G | | SLA、X3LA | | S | U | | (2/4)、6/8、(14)、18、20/22、32/34 | D2、D4、D6、D14、X3D | ⅡBG、2-BDG、4DG、6DG、14-22DG、20DG、28DG、3G |
| | 至4G | 1 | SLA、X4LA | 10/12 | S | UU | | 2/4、6/8、10/12、(26/28) | D2、D8、D10、D24、X4D | ⅡBG、2-BDG、10DG、26DG、16-28DG、4G |
| | 至4G | 2 | SLA、X4LA | (10/12) | S | UU | | 2/4、6/8、(10/12)、16、26/28 | D2、D8、D10、D16、X6D | ⅡBG、2-BDG、10DG、12DG、16-28DG、4G |
| | 至7G | | SLA、X7LA | | S | UU | | 2/4、6/8、(14)、(18)、(24) | D2、D4、D6、D14、D20、X7D | ⅡBG、2-BDG、4DG、6DG、14-22DG、18DG、24-34DG、7G |
| | 至5G | | SLA、X5LA | | S | UU | | (2/4)、6/8、(14)、(18)、24、32/34 | D2、D4、D6、D14、D20、X5D | ⅡBG、2-BDG、4DG、6DG、14-22DG、18DG、24-34DG、5G |
| | 至6G | | SLA、X6LA | | S | UU | | 2/4、6/8、(10/12)、(16)、30 | D2、D8、D10、D16、D22、X6D | ⅡBG、2-BDG、10DG、12DG、16-28DG、30DG、6G |
| | 至8G | | SLA、X8LA | | S | UU | | 2/4、6/8、(10/12)、(16)、(30) | D2、D8、D10、D16、D22、X8D | ⅡBG、2-BDG、10DG、12DG、16-28DG、30DG、8G |

××车站上行咽喉站场联锁表

| 方向 | 进路 | 进路方式 | 排列进路按下按钮 | 确定运行方向道岔 | 信号机 | | | 道岔 | 敌对信号 | 轨道电路区段 |
|---|---|---|---|---|---|---|---|---|---|---|
| | | | | | 名称 | 显示 | 表示器 | | | |
| 反方向接车 | | | | | | | | | | |
| | | | | | | | | | | |
| | | | | | | | | | | |
| | | | | | | | | | | |
| | | | | | | | | | | |
| | | | | | | | | | | |
| | | | | | | | | | | |
| | | | | | | | | | | |
| | | | | | | | | | | |
| | | | | | | | | | | |
| | | | | | | | | | | |

××车站上行咽喉站场联锁表

| 方向 | 进路 | 进路方式 | 排列进路按下按钮 | 确定运行方向道岔 | 信号机 | | | 道岔 | 敌对信号 | 轨道电路区段 |
|---|---|---|---|---|---|---|---|---|---|---|
| | | | | | 名称 | 显示 | 表示器 | | | |
| 正方向发车 | | | | | | | | | | |
| | | | | | | | | | | |
| | | | | | | | | | | |
| | | | | | | | | | | |
| | | | | | | | | | | |
| | | | | | | | | | | |
| | | | | | | | | | | |
| | | | | | | | | | | |
| | | | | | | | | | | |
| | | | | | | | | | | |

续上表

××车站上行咽喉站场联锁表

| 方向 | 进路 | 进路方式 | 排列进路按下按钮 | 确定运行方向道岔 | 信号机 | | | 道岔 | 敌对信号 | 轨道电路区段 |
|---|---|---|---|---|---|---|---|---|---|---|
| | | | | | 名称 | 显示 | 表示器 | | | |
| 反方向发车 | | | | | | | | | | |
| | | | | | | | | | | |
| | | | | | | | | | | |
| | | | | | | | | | | |
| | | | | | | | | | | |
| | | | | | | | | | | |
| | | | | | | | | | | |
| | | | | | | | | | | |
| | | | | | | | | | | |
| | | | | | | | | | | |
| | | | | | | | | | | |

××车站上行咽喉站场联锁表

| 方向 | | 进路 | 进路方式 | 排列进路按下按钮 | 确定运行方向道岔 | 信号机 | | | 道岔 | 敌对信号 | 轨道电路区段 |
|---|---|---|---|---|---|---|---|---|---|---|---|
| | | | | | | 名称 | 显示 | 表示器 | | | |
| 调车进路 | 由 | D14 | | | | | | | | | |
| | | D18 | | | | | | | | | |
| | | D2 | | | | | | | | | |
| | | D16 | | | | | | | | | |
| | | D16 | | | | | | | | | |
| | | D10 | | | | | | | | | |

| 3. 根据任务1-1绘制的车站信号平面布置图,编制联锁表。 |
| --- |
| |
| **联锁表编制重、难点** |

| 敌对信号的确认 | |
| --- | --- |
| 轨道区段空闲检查 | |
| 掌握技能 | |
| 实训收获 | |
| 总结 | |

| **知识链接** |
| --- |

这里介绍电气集中车站的联锁图表。

联锁表是车站联锁设备可靠工作和行车安全的重要保证。车站联锁表中的任何细小的错误或漏洞,都可能造成车站联锁失效,引发车毁人亡的重大事故。

4. 根据所在车站的车站信号平面布置图,熟练识读车站联锁表的各项内容,检查核对联锁表,核对车站联锁关系,并填写下行咽喉车站信号设备布置结构分析表及下行咽喉车站信号联锁分析表。

**下行咽喉车站信号设备布置结构分析表**

| 分类 | 编号 | 类型描述 |
| --- | --- | --- |
| 道岔分类 | | 单动道岔 |
| | | 双动道岔 |
| 轨道电路编号 | | 道岔区段 |
| | | 无岔区段 |
| | | 股道区段 |
| 信号机分类 | | 进站信号机 |
| | | 出站信号机 |
| | | 单置调车信号机 |
| | | 并置调车信号机 |
| | | 差置调车信号机 |
| | | 尽头型调车信号机 |
| | | 进站内方调车信号机 |

下行咽喉车站信号联锁分析表

| 进路 | 进路号码 | 有迎面敌对的进路 | 有其他敌对的进路 | 有带动道岔的进路 | 有防护道岔的进路 |
|---|---|---|---|---|---|
| 正方向接车进路 | | | | | |
| 正方向发车进路 | | | | | |
| 反方向接车进路 | | | | | |
| 反方向发车进路 | | | | | |
| 调车进路 | | | | | |

学习效果评价

| 评价指标 | 自我评价 | 教师评价 |
|---|---|---|
| 1.知识学习效果 | | |
| 2.能力目标达成度 | | |
| 3.素质提升效果 | | |

本任务最终评价:

教师签名: 年 月 日

注:1.自我评价、教师评价和最终评价均采用等级表示,填写优、良、中、及格和不及格。

2.最终评价作为本课程总评价内容之一。

# 任务1-3 车站联锁设备

## 任务描述

要实现联锁关系的核对和检查,必须有一套安全可靠的自动控制系统,即车站联锁控制系统,也称车站联锁设备,简称联锁设备。车站联锁控制系统的任务就是安全可靠地控制车站联锁区域内的信号机、道岔和进路,并实现它们之间的联锁关系。通过本任务的学习,学生应能够操作车站联锁设备。

## 任务目标

1. 会使用计算机联锁系统。
2. 能够操作6502电气集中联锁。
3. 能通过联锁软件为列车实施接发车进路、人工取消进路、引导进路等任务。

## 任务指导

按照联锁控制方式的不同,联锁设备分为非集中联锁和集中联锁。

非集中联锁就是在室内和室外对车站的信号机、道岔、进路进行分散控制和监督,要改变道岔的位置,必须通过人工扳动道岔握柄。

集中联锁就是在室内对车站的信号机、道岔、进路进行集中控制和监督。用电气方法实现控制和监督的设备则称为电气集中联锁设备。

按照实现联锁控制的核心设备不同,联锁设备又分为机械联锁、电锁器联锁(臂板电锁器联锁和色灯电锁器联锁)、继电集中联锁和计算机联锁。机械联锁和电锁器联锁是早期的车站联锁设备,均属于非集中联锁设备。随着铁路信号技术设备的发展,非集中联锁设备已基本被淘汰。目前,铁路现场广泛应用的联锁设备主要有两种,一种是应用多年的以继电器为核心的继电集中联锁,另一种是以计算机为核心的计算机联锁。

### 一、继电集中联锁

继电集中联锁电路曾有多种制式,经改进完善后,6502电气集中联锁作为较好的定型电路而得到广泛应用,虽现已停用,但下面以其为例进行分析,介绍联锁的基本原理。

1.6502电气集中联锁的主要技术特征

(1)组合式电路。

以道岔、信号机和轨道电路区段为基本单元设计的定型单元电路,称为继电器组合(简称组合），将各种组合按站场形状拼装起来即成为组合式电路。采用站场型组合式电路的电气集中，称为组合式电气集中。6502电气集中联锁是组合式电路。组合式电路具有简化设计、加速施工、工厂预制、便于使用及维修等优点。

（2）双按钮进路操纵。

进路操纵式亦称按钮式，6502电气集中联锁采用双按钮选路方式，一般只需按压两个进路按钮，就能转换道岔、开放信号，而且不论进路中有多少组道岔均能一次转换。其不仅简化了操作，也提高了效率。

（3）逐段解锁。

6502电气集中联锁采用逐段解锁方式，它把进路分为若干段，采用多次分段解锁的方式，即列车或调车车列出清一段解锁一段，称为进路逐段解锁制。逐段解锁可以充分提高咽喉道岔的使用率，缩短两项作业之间的间隔时间，提高车站咽喉道岔的通过能力和调车作业效率。

2. 6502电气集中联锁的设备组成

6502电气集中联锁包括室内设备和室外设备，其设备组成如图1-5所示。

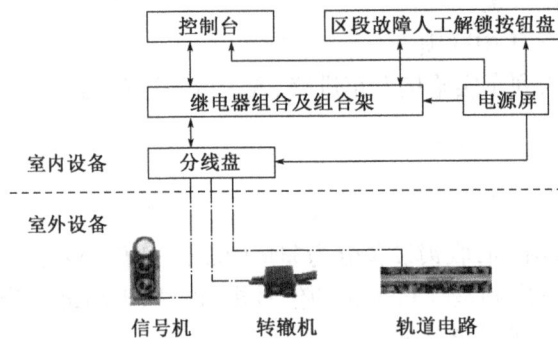

6502电气集中联锁设备组成及功能

图1-5　6502电气集中联锁设备组成

## 二、计算机联锁

随着计算机技术的迅速发展，尤其是对于可靠性技术和容错技术的深入研究，计算机联锁应运而生，正渐趋成熟并被推广使用。计算机联锁是以计算机和其他一些电子、继电器件组成的具有"故障-安全"性能的实时控制系统。与继电集中联锁相比，计算机联锁具有十分明显的技术经济优势，而且在设计、施工、维修和使用上十分方便。计算机联锁具有广阔的发展前景，是车站联锁设备的发展方向。

计算机联锁通常采用通用的工业控制计算机，由一套专用的软件来实现车站信号机、进路、道岔间的联锁关系。它实质上是一个满足"故障-安全"原则的逻辑求值器，自动采集、处理信号机、道岔、轨道电路的信息，把车站值班员的控制命令和现场的各种表示信息输入计算机，再根据储存在计算机内的有关条件，进行联锁关系的逻辑运算和判断，然后输出信息至执行机构，实现对车站信号设备的控制和监督。它实现的是多变量输入和多变量输出的复杂的传递函数的转换。

计算机联锁是以计算机为核心构成的联锁控制系统,相较于继电集中联锁,其主要特点是:

(1)利用计算机对车站值班员的操作命令和现场监控设备的表示信息进行逻辑运算后,完成对信号机、道岔及进路的联锁和控制,全部联锁关系由计算机及其程序完成。

(2)用屏幕显示代替控制台表示盘,大大缩小了设备体积,丰富了显示内容,简化了操作。

(3)采用模块化硬件和软件设计,便于站场变更,并易于实现故障检测分析功能。

与继电集中联锁相比,计算机联锁进一步提高了安全性、可靠性,增加和完善了联锁功能,方便设计,省工省料。

## 任务实施

### 任务1-3 车站联锁设备实训工单

| 班级及小组编号 | | 成员姓名 | |
|---|---|---|---|
| **任务描述** | | **预期目标** | |
| 任务名称 | 车站联锁设备操作 | 通过联锁软件完成列车接、发车作业,能够独立处理车站内的列车作业。 | |
| 任务编号 | 1-3 | | |
| 知识类型 | 理实一体 | | |
| 1. 根据以下联锁软件图,回答相关问题。 | | | |

续上表

| 联锁软件按钮名称 | 联锁软件按钮作用 | 办理进路按下按钮举例 |
|---|---|---|
| 总定 | | |
| 总反 | | |
| 单锁 | | |
| 单解 | | |
| 岔封 | | |
| 岔解 | | |
| 钮封 | | |
| 钮解 | | |
| 总取消 | | |
| 总人解 | | |
| 区故解 | | |
| 引导 | | |
| 思考:联锁软件中各个按钮控制的对象之间有什么关系? | | |

2. 写出车站联锁控制系统组成部分的功能。

| 名称 | 功能 |
|---|---|
| 控制台 | |
| 区段故障人工解锁按钮盘 | |
| 继电器组合及组合架 | |
| 电源屏 | |
| 分线盘 | |

3. 根据下图，描述各个设备之间存在怎样的联系。

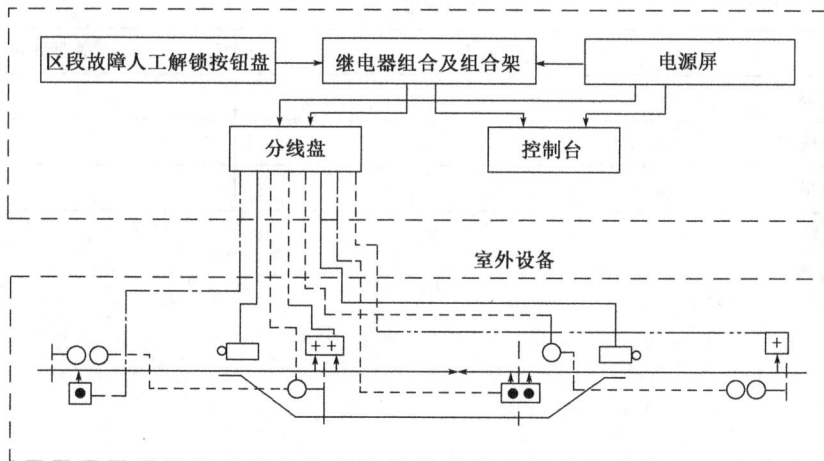

4. 填写车站联锁设备特点分析表。

| 系统 | 特点 |
|---|---|
| 6502电气集中联锁 | |
| 计算机联锁 | |

### 知识链接

（1）目前我国铁路现场应用的计算机联锁系统,其室外信号设备的控制电路基本上采用与6502电气集中联锁相同的控制电路,因此大多数计算机联锁系统仍然能够使用相当于6502电气集中联锁三分之一数量的继电器。在国外,许多计算机联锁系统已经淘汰继电器,完全实现无接点全电子控制。随着电子控制设备功能的不断完善,我国也成功开发出电子执行单元,以取代信号继电器,实现计算机联锁全电子控制,这极大简化了联锁控制设备,缩短了施工过渡的时间。

（2）随着列车运行自动控制技术的发展,车站联锁控制系统与列车运行控制系统完全可以实现合二为一,即采用列控-联锁一体化(SED)系统。前些年,客运专线曾引进这种控制设备,虽然存在一些问题,但为这一技术的应用提供了有益的探索经验,今后将继续研究开发功能完善的列控-联锁一体化系统。

查阅联锁相应规范文献:

1.《铁路技术管理规程(普速铁路部分)》第87～91条。

2.《普速铁路信号维护规则　技术标准》第5.2.1～5.2.3条。

### 学习效果评价

| 评价指标 | 自我评价 | 教师评价 |
|---|---|---|
| 1. 知识学习效果 | | |
| 2. 能力目标达成度 | | |
| 3. 素质提升效果 | | |

本任务最终评价:

教师签名:　　　　　年　月　日

注:1. 自我评价、教师评价和最终评价均采用等级表示,填写优、良、中、及格和不及格。

　　2. 最终评价作为本课程总评价内容之一。

# 项目 2  道岔控制设备维护

## 项目描述

目前我国铁路车站的大多数道岔采用 ZD6 型直流电动转辙机牵引,室内与室外由四条电缆线路联系,称为四线制道岔控制电路。在主要干线及提速区段车站的正线道岔采用 S700K 型电动转辙机、ZYJ7 型电液转辙机或 ZD(J)9 型电动转辙机等设备牵引道岔,使用五线制道岔控制电路。此外,还有 ZD6 型双机牵引的六线制道岔控制电路等形式。通过本项目的学习,学生将能够完成道岔转辙机的维护检修工作。

## 项目要求

1. 掌握道岔控制电路的各项技术要求和电路实现方法,以及铁路现场应用的各种道岔控制电路的基本结构和工作原理。

2. 根据进路要求,认真核对每一道岔的动作与室内表示是否一致,若发现错误,查明原因,并及时处理,保证道岔动作与室内表示准确无误。

3. 掌握道岔检修作业标准,学会检修道岔;明确转辙机各项参数要求,正确使用万用表测试转辙机的各项参数,做好转辙机的日常检修和测试工作,并根据测试结果分析调整电气参数。

4. 了解挤岔报警电路的原理,以及各种道岔控制电路常见故障的现象和报警提示,能准确判断并迅速地处理道岔控制电路的各种常见故障,保证道岔控制设备的运用安全。

## 项目目标

| 知识目标 | 1. 熟练掌握四线制道岔控制电路的组成及工作原理。<br>2. 熟练掌握六线制道岔控制电路的组成及工作原理。<br>3. 熟练掌握提速道岔控制电路的组成及工作原理。 |
|---|---|
| 技能目标 | 1. 掌握直流道岔控制电路故障分析和处理方法。<br>2. 掌握交流道岔控制电路故障分析和处理方法。<br>3. 能够安装转辙机。 |
| 素养目标 | 1. 能够按照《普通铁路信号维护规则 技术标准》的要求和标准化作业程序进行道岔控制电路的维护和故障处理。<br>2. 树立"安全第一"的责任意识,培养遵章守纪的工作作风。 |

## 实施载体

利用现有实训设备掌握道岔控制设备的组成、工作原理及故障分析和处理方法。

(1)直流道岔控制电路主要包括四线制道岔控制电路和六线制道岔控制电路。四线制道岔控制电路有单动道岔控制电路,也有多动道岔控制电路,其电路主要由继电器1DQJ、2DQJ、DBJ、FBJ,电容和电阻等组成;六线制道岔控制电路与四线制道岔控制电路的不同之处在于多了一台2DQJF继电器、由室内去往室外有6条电缆以及室外转辙机为ZD6-E和ZD6-J型,两台转辙机是同时动作并牵引道岔进行转换的。当操纵道岔时,首先是1DQJ吸起,接着是2DQJ转极(2DQJF转极),2DQJ转极后,接通了电机动作电路,转辙机里面的电动机开始旋转,从而带动道岔进行转换,使道岔完成解锁、转换和锁闭的过程,当道岔到达规定位置后,给出相应的表示,利用道岔的表示继电器接点参加联锁,检查道岔的位置。当道岔发生挤岔时,给出报警。

在信号设备维护工作中,对转辙机及道岔控制电路要进行定期的检修和测试。当道岔控制电路发生故障时,首先应该判断故障范围(是电气故障还是机械故障,是室内故障还是室外故障,是短路故障还是断路故障),以便快速、及时、准确地进行处理。

(2)交流道岔控制电路为五线制道岔控制电路,所带动的转辙机有S700K型电动转辙机、ZYJ7型电液转辙机(配合SHI6转换锁闭器),也有ZD(J)9型电动转辙机。三种电路基本原理相同,组成也基本相同,只是ZYJ7型室外电路的控制方式有所不同。当操纵道岔时,1DQJ先吸起,接着1DQJF吸起,2DQJ转极,接通电机动作电路,道岔开始转换。

在信号设备维护工作中,对转辙机及道岔控制电路要进行定期的检修和测试。当道岔控制电路发生故障时,同直流道岔控制电路一样,首先要判断故障范围,对故障进行全面分析,以便及时处理。

# 任务 2-1　道岔控制电路分析及故障处理

## 任务描述

通过该任务的学习,学生将对道岔转辙机结构有清晰的认识,具备处理ZD6、ZYJ7、S700K型转辙机室、内外电路故障的能力;能够通过电压测量,判断室内继电器控制电路及室外自动开闭器、移位接触器、安全接点等常见故障;并且能够对转辙机常见电路故障进行分析与处理,胜任相关工作。

## 任务目标

1. 理解道岔控制电路原理。
2. 能够处理常见电路故障。
3. 对电路结构进行分析,自行设计控制电路。

## 任务指导

### 一、四线制单动道岔控制电路

四线制单动道岔控制电路由道岔启动电路和道岔表示电路两部分组成,所动作的转辙机为ZD6型电动转辙机,其中道岔启动电路是动作电动转辙机、转换道岔的电路,而道岔表示电路是反映道岔位置的电路。

**1. 道岔启动电路应满足的技术条件**

(1)道岔区段有车时,道岔不应转换。此种作用的锁闭叫作区段锁闭。

(2)进路在锁闭状态时,进路上的道岔都不应再转换。此种作用的锁闭叫作进路锁闭。

(3)在道岔启动电路已经动作后,如果车随后驶入道岔区段,则应保证转辙机能继续转换到底,不受技术条件(1)的限制而停转。

(4)道岔启动电路动作后,如果转辙机的自动开闭器接点接触不良或电动机的整流子与电刷接触不良,以致电动机电路不通,则应使启动电路自动停止工作复原,保证道岔不会再转换。

(5)为了便于维修试验,以及在尖轨与基本轨之间夹有障碍物致使道岔转不到底时,能使道岔转回原位,必须保证道岔无论转到什么位置,都可随时用手动操纵方法使它向回转。

(6)道岔转换完毕,应自动切断电动机的电路。

**2. 道岔转换控制方式**

控制道岔转换的方式有三种:人工转换、进路式操纵、单独操纵。

（1）人工转换：当停电、故障、维修、清扫时，在现场通过手摇把将道岔转换至所需位置。

（2）进路式操纵：以办理进路的方式将进路中的道岔转换到定位或反位。选岔网络按照选路的要求，选出进路上各组道岔应转向的位置。例如，若某道岔定位操纵继电器DCJ吸起，就接通道岔启动电路使该道岔转向定位；若反位操纵继电器FCJ吸起，就接通道岔启动电路使该道岔转向反位。全进路上的道岔按进路要求一次排出。

（3）单独操纵：为了维修、试验道岔和开放引导信号排列引导进路等对道岔进行的操纵。单独操纵道岔的方法是：按下被操纵道岔按钮CA，若要使该道岔转向定位，则同时按下道岔总定位按钮ZDA，接通道岔启动电路；若要使该道岔转向反位，则同时按下道岔总反位按钮ZFA，接通道岔启动电路。道岔的单独操纵优先于进路式操纵。

3. 道岔启动电路工作原理

道岔启动电路采用分级控制方式控制道岔转换。首先由第一道岔启动继电器1DQJ检查联锁条件，符合要求后才能励磁吸起；然后由第二道岔启动继电器2DQJ控制电机的旋转方向，以决定使电机转向定位或转向反位；最后由直流电机转换道岔。

## 二、四线制双动道岔控制电路

双动道岔的两个道岔位置必须是一致的，当其中一个道岔在定位时，另一个道岔也在定位，其中一个道岔转换至反位时，另一个道岔也必须转换至反位。当道岔启动电路控制电动转辙机转换两个道岔时，两个道岔必须按规定的顺序动作。把先动作的道岔称为第一动道岔，后动作的道岔称为第二动道岔，同时规定双动道岔中距离信号楼近的为第一动道岔，距离信号楼远的为第二动道岔。这样可以节省室外电缆，避免迂回走线。

由于双动道岔的两个道岔位置总是一致的，动作也应一致，因此，双动道岔可共用一套道岔控制电路，图2-1是四线制双动道岔控制电路。

双动道岔控制电路与单动道岔控制电路原理基本相同。由于双动道岔控制电路的控制对象是两个道岔，其启动电路和表示电路与单动道岔不同之处主要体现在以下几个方面：

（1）在道岔启动电路的室内部分，1DQJ的3-4线圈励磁电路上串接有1SJ和2SJ两个锁闭继电器的第8组接点（对于计算机联锁系统用的道岔控制电路，此处串联两个轨道区段的DGJ的前接点），这是因为双动道岔设有两个SJ，左边道岔为1SJ，右边道岔为2SJ，而且1SJ和2SJ分属不同的道岔区段，当任意一个道岔处于区段锁闭或进路锁闭状态时，1SJ或2SJ落下，1DQJ的3-4线圈励磁电路被切断，该双动道岔不得转换。

（2）在进路式操纵的电路条件中，将单动道岔的DCJ接点换成双动道岔的1DCJ和2DCJ的第6组前接点并联条件，将单动道岔的FCJ接点用双动道岔的2FCJ第6组接点代替。这是因为选双动道岔定位时，双动左边道岔设置的1DCJ和右边道岔设置的2DCJ分别在平行进路的上、下两条平行网络中，它们不一定同时被选出，所以应将两个DCJ接点并联起来。而选双动道岔反位时，双动道岔的1FCJ和2FCJ动作一致，而且2FCJ总是最后一个吸起，所以只需用2FCJ接点即可。

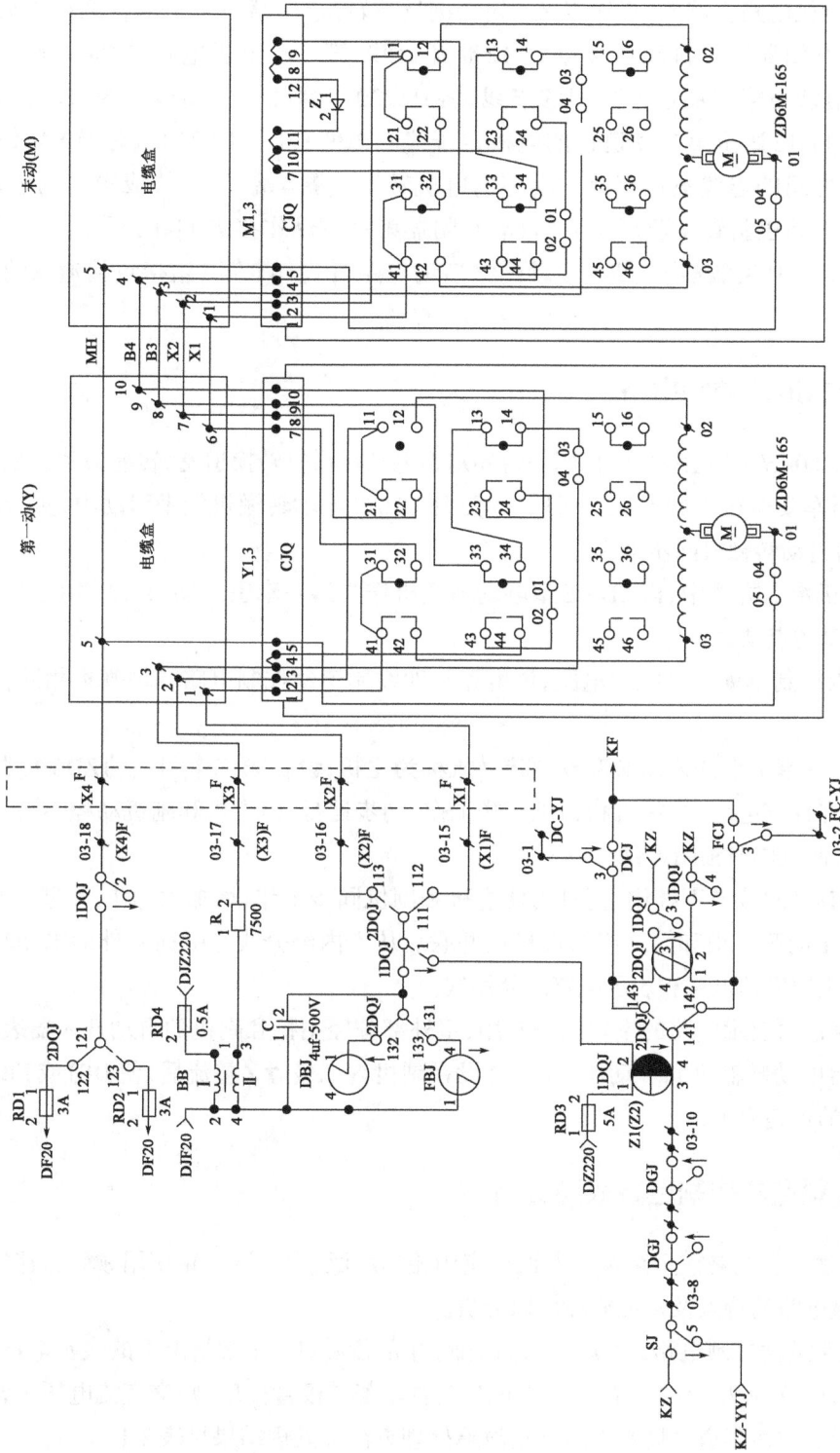

图2-1 四线制双动道岔控制电路

(3)在道岔启动电路的室外部分,由于两个道岔顺序动作,第一动道岔转换完毕后,才能接通第二动道岔电机电路。例如,双动道岔由定位向反位转换时,第一动道岔转到反位后,第一动道岔的自动开闭器第一排动作接点11-12断开,切断第一动电机电路,同时接通21-22接点,经第一动道岔与第二动道岔之间的连线,将DZ220电源经第二动道岔的自动开闭器第一排动作接点11-12送至第二动道岔的电机定子线圈2端子上。DF220电源经X4及第一动与第二动道岔之间的连线被送至第二动道岔电机转子线圈4端子上,构成第二动道岔的电机电路。当第二动道岔转换至反位后,自动开闭器第一排动作接点11-12断开,于是第二动道岔电机停转,1DQJ失磁落下,断开双动道岔启动电路,由1DQJ第1组接点接通双动道岔表示电路。

## 三、六线制道岔控制电路

当采用12# 60kg/m AT型道岔时,用一台ZD6型电动转辙机转换道岔,转换力和密贴力已不能满足要求,行车安全得不到保证。所以,用两台ZD6型电动转辙机做牵引动力,实行两点牵引,并要求两台电动转辙机同步动作。

在道岔双机牵引方式中,以ZD6-E型电动转辙机作为第一牵引点动力,以ZD6-J型电动转辙机作为第二牵动点动力。

图2-2为六线制单动道岔控制电路,该电路与四线制道岔控制电路原理基本相同,但具有以下特点:

(1)设在第一牵引点的ZD6-E型电动转辙机称为主机,设在第二牵引点的ZD6-J型电动转辙机为副机。在控制电路中,主机和副机并联工作,同步运行,但主机和副机动程不同,尖轨和基本轨密贴后,两机同时锁闭道岔。

(2)由于2DQJ的接点不够用,而且为使主机和副机同步工作,增加2DQJF,其型号与2DQJ相同。将2DQJF的第一组和第二组极性接点并联后从室内经分线盘引向室外的电动转辙机,作为主机和副机的启动电路和表示电路的公用线。

(3)六线制道岔表示电路的室内部分共用,室外部分经主机和副机的自动开闭器表示接点并联,检查两台电动转辙机同步动作,并经过设在副机内二极管Z整流后,使DBJ或FBJ吸起,给出道岔位置的正确表示。

## 四、四线制道岔控制电路故障分析

四线制道岔控制电路在全路及地方铁路应用相当广泛,由于该电路使用频繁,故障时有发生,下面针对该电路的特点及常见故障加以分析。

对于四线制道岔控制电路,要快速处理故障,首先必须知道正常情况下的表示电压。道岔的正常表示电压:交流为70V左右,直流为60V左右。若二极管接反,则交直流电压正常,道岔无定、反位表示。四线制道岔控制电路常见故障处理方法和处理结果见表2-1。

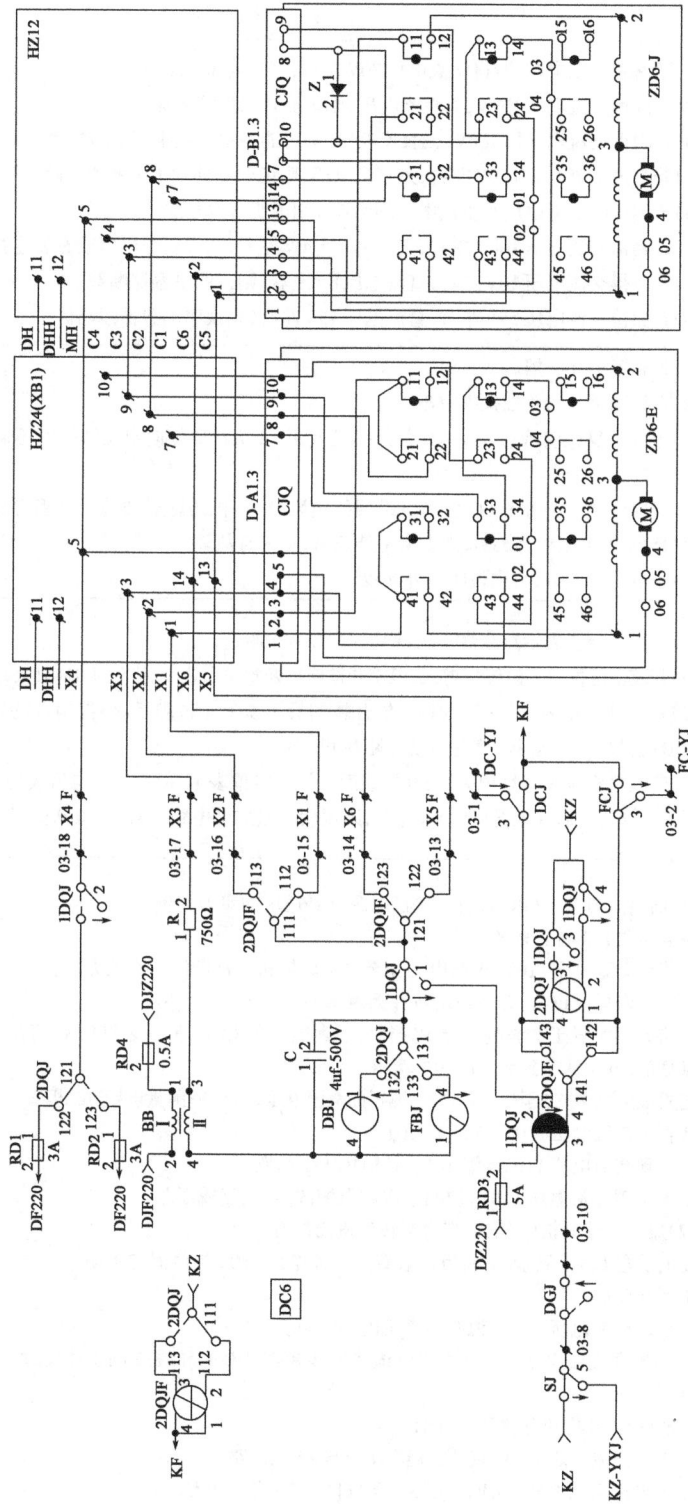

图2-2　六线制单动道岔控制电路

**四线制道岔控制电路常见故障处理方法和处理结果** 表2-1

| 常见故障处理方法 | 处理结果 |
|---|---|
| 在分线盘上进行测试,可以确定道岔的故障范围 | (1)道岔表示正常时,测得交流电压70V左右,直流电压60V左右。<br>(2)若测得交流电压约2V,无直流电压,则可能是二极管击穿。<br>(3)若测得交流电压接近0V,无直流电压,则可能是室外发生了短路故障。<br>(4)若测得交流电压110V左右,无直流电压,则说明室外发生了断线故障。<br>(5)若测得的交流电压和直流电压均为0V,则说明室内断线。<br>(6)若测得交流电压160V左右,直流电压150V左右,则说明继电器或有关连线断开。<br>(7)若测得交流电压10V左右,直流电压8V左右,则说明电容器断线。<br>(8)若测得交流电压55V左右,直流电压45V左右,则说明电容器短路。 |
| 道岔启动电路发生故障,不能操纵道岔,在分线盘上即可直接区分室内外故障 | (1)将表置于R×1挡。<br>(2)将故障道岔的单独操纵拉出。<br>(3)定位向反位转换时不启动,在分线盘上测X2、X4;反位向定位转换时不启动,在分线盘上测X1、X4。<br>(4)若电阻为30Ω左右(此值为电缆回线电阻、电动机的定子和转子电阻之和,电机定子电阻约为6Ω,转子电阻约为5Ω),则说明室外正常,室内有故障。<br>(5)若电阻为无穷大,则说明室外断线。 |
| 确定道岔控制电路的故障范围(假定道岔在定位,向反位单独操纵) | (1)若道岔定位表示灯绿灯不灭,则说明1DQJ未吸起。<br>(2)若道岔定位表示灯绿灯熄灭,但松开按钮后恢复定位表示,则说明1DQJ吸起,2DQJ未转极。<br>(3)若道岔定位表示灯绿灯熄灭,松开按钮后不恢复定位表示,但控制台电流表不动作,则说明1DQJ吸起,2DQJ转极,道岔启动电路断开。<br>(4)若道岔定位表示灯熄灭,松开按钮后不恢复定位表示,但控制台电流表的读数从3A左右下降到1A左右,随后又上升到2.8A左右,则说明道岔启动电路正常,但道岔受阻。 |
| 道岔表示电路故障分析 | (1)断路故障分析(以道岔在定位、电源已经送出的室外为例)<br>在电缆盒1、3端子测量:<br>①若有交流电压110V,说明电缆盒至电动转辙机内部断线。查找方法:<br>a.在室内操纵道岔,并将道岔放在无表示的位置上。<br>b.将万用表置于交流电压250V挡位,一表笔放在X3上,另一表笔从X1开始,沿道岔表示电路逐点测量,电压从有到无之间为故障点。<br>注意:测试点在X1至二极管之间,测得的交流电压是110V;测量点越过二极管后,电压有所降低。<br>②若无交流电压110V,应断开CJQ。<br>a.出现交流电压110V,说明电动转辙机内部短路。<br>b.不出现交流电压110V,说明室内或电缆故障(短路或断路)。<br>(2)短路故障分析(假定电缆盒至转辙机内部有短路)<br>在电缆盒1、3上测量,并将万用表置于交流电压250V挡位固定不动。<br>①断开CJQ:<br>a.出现交流电压110V,说明转辙机内部短路。<br>b.不出现交流电压110V,说明电缆或电缆盒至CJQ的导线或CJQ的1、3端子之间短路,用甩线分别判断。<br>②插好CJQ,断开自动开闭器41:<br>a.出现交流电压110V,说明X1至41间与X3无短路。<br>b.不出现交流电压110V,说明X1至41间与X3存在短路。 |

续上表

| 常见故障处理方法 | 处理结果 |
|---|---|
| 道岔表示电路故障分析 | ③断开31-32接点：<br>a. 出现交流电压110V，说明X1至31间与X3无短路。<br>b. 不出现交流电压110V，说明41至31间与X3存在短路。<br>④断开移位接触器03-04：<br>a. 出现交流电压110V，说明X3至04间与X1无短路。<br>b. 不出现交流电压110V，说明X3至04间与X1存在短路。<br>⑤断开33-34接点：<br>a. 出现交流电压110V，说明13至34间与X1无短路。<br>b. 不出现交流电压110V，说明13至34间与X1存在短路。<br>经上述判断后，若现象为a.(a)与e.(a)，则说明定、反位表示电路的共用部分出现了短路。应用下列方法判断：断开CJQ；将万用表置于R×1K或R×10K。<br>分别测量CJQ插头的7与8，CJQ插座的8与10、7与9、11与12、7与8、9与10之间，判断是否接通。接通的两点即短路点。 |
| 道岔启动电路故障分析（设道岔处于定位） | (1)反位电压法<br>反位电压法是一种常用的方法，是当启动电路发生故障时，人工将室内的2DQJ置于与室外道岔实际相反的位置上，借用表示电源查找启动电路故障的一种方法。<br>(2)断路故障的查找（设道岔由定位转换至反位）<br>①将万用表置于直流电压250V挡位上，在室内操纵道岔，在1DQJ吸起、2DQJ转极的瞬间，在电缆盒2、5端子上测量：<br>a. 有电压，说明电缆盒以后的转辙机内部电路有故障。<br>b. 无电压，说明室内启动电压未送出（短路后，熔断器熔断除外）。<br>②电缆盒至转辙机内部启动电路断线查找方法：<br>a. 将道岔操纵到并保留在反位位置。<br>b. 将万用表置于交流电压250V挡位上，一表笔固定在X3，另一表笔沿道岔启动电路逐点测量，电压从有到无之间为故障点。 |
| 道岔室外控制电路混线故障分析（以1、3闭合为例） | (1)X1与X2混线故障<br>现象：由定位向反位操作时，道岔启动后烧断反位DF220电源的熔断器RD2，道岔停在四开位置，无表示。<br>分析：X1与X2相混，X1的DZ220电源经自动开闭器41-42接到电机1端子，所以X2的DZ220电源经自动开闭器11-12接到电机2端子。<br>(2)X1与X3混线故障<br>现象：道岔原在定位，无位置表示，向反位操纵后，道岔能转换完毕，但在反位密贴处来回窜动，无位置表示。<br>分析：道岔转换完毕，1、3断开，2、4闭合，但1DQJ缓放，启动电路尚未断开，于是DZ220电源经11→21-22→二极管→23-24→01-02→43-44→X3→X1→41-42→电机1、3、4→05-06→X4→DF220电源接通定位启动电路，道岔向定位转换，2、4排接点断开，1、3排接点接通，又接通了反位启动电路，使道岔转向反位，如此循环，出现道岔来回窜动的现象。<br>(3)X2与X3混线故障<br>现象：道岔原在定位，有定位表示；向反位操纵，道岔能转换完毕，无反位表示。<br>分析：因X3与X2相混，将反位表示电源短路，造成反位无表示，向定位操纵，可转换完毕。因DZ220电源、DF220电源被二极管阻断，故不会出现X1与X3相混时出现的故障现象。 |

| 常见故障处理方法 | 处理结果 |
|---|---|
| 道岔室外控制电路混线故障分析(以1、3闭合为例) | (4)X1与X4混线故障<br><br>现象:道岔原在定位,有表示;向反位操纵时,先后熔断定、反位DF220电源的熔断器RD1、RD2,道岔不能转换完毕,一直无位置表示。<br><br>分析:由定位操纵至反位,1DQJ吸起,2DQJ尚未转极时,将DZ220电源、DF220电源短路,熔断定位DF220电源的熔断器RD1;当2DQJ转极后,DZ220电源和反位DF220电源正常供出,道岔启动,但当第四排接点接通时,X4的DF220电源经X1→41-42,直接接到定子的线圈1上,从而将转子线圈短路,导致反位DF220电源的熔断器RD2熔断,道岔停止转换,定、反位均无表示。<br><br>若道岔原在反位,向定位操纵时,只要2DQJ转极,直接将DZ220电源、DF220电源短路,熔断定位DF220电源的熔断器RD1,道岔不能启动,无位置表示。<br><br>(5)X2与X4混线故障<br><br>现象:道岔原在定位,向反位操纵时,2DQJ转极后,直接熔断反位DF220电源的熔断器,道岔不能启动,无位置表示;道岔原在反位,向定位操纵时,1DQJ吸起,直接熔断反位DF220电源的熔断器,2DQJ转极后,道岔刚一启动,熔断定位DF220电源的熔断器,无位置表示。<br><br>(6)X3与X4混线故障<br><br>现象:道岔原在定位,操纵至反位时,道岔转换完毕,有反位表示,但反位DF220电源的熔断器RD2熔断。<br><br>分析:X3与X4相混,当道岔向反位转换完毕后,虽然反位启动电路被切断,但在1DQJ缓放时,X2的DZ220电源经11→21-22→二极管→23-24→43-44→X3→X4→DF220电源构成通路,将DZ220电源、DF220电源短路,熔断反位熔断器RD2。<br><br>若道岔原在反位,能正常转换到定位,当再次向反位操纵时,出现上述现象。<br><br>以上分析的故障均是在两线完全短路的情况下出现的;当不完全短路时,可能不能熔断熔断器,但控制台电流的读数较大。 |

## 任务实施

挤岔报警电路

## 任务2-1  道岔控制电路分析及故障处理实训工单

| 班级及小组编号 | | 成员姓名 | |
|---|---|---|---|
| 任务描述 | | | 预期目标 |
| 任务名称 | 道岔控制电路常见故障处理 | | 熟悉道岔常见故障类型,通过对故障的分析与处理,培养独立处理道岔电路故障的能力。 |
| 任务编号 | 2-1 | | |
| 任务类型 | 理实一体 | | |

1. 填写道岔控制电路继电器应用的相关内容。

| 继电器 | 名称 | 类型 |
|---|---|---|
| SFJ | | |

| 继电器 | 名称 | 类型 |
|---|---|---|
| DCJ | | |
| FCJ | | |
| DBJ | | |
| FBJ | | |
| 1DQJ | | |
| 1DQJF | | |
| 2DQJ | | |
| BHJ | | |

2. 根据以下ZD6型电动转辙机结构图写出转辙机的结构名称及作用。

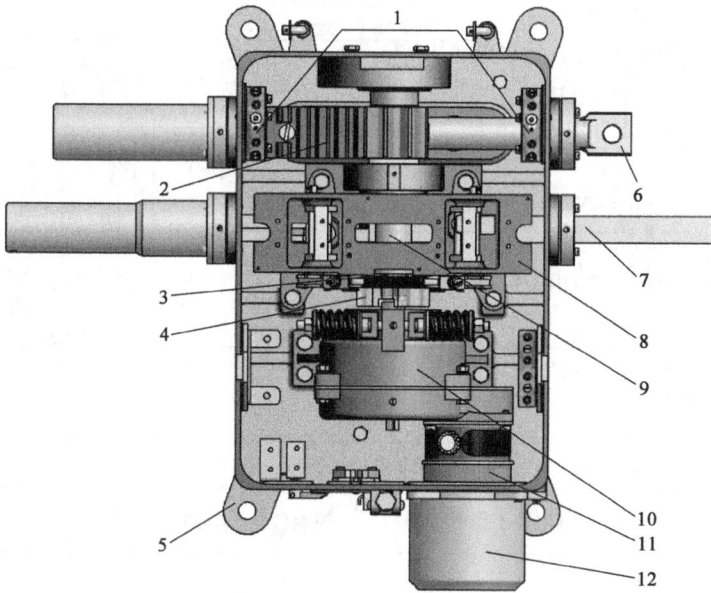

| 结构序号 | 结构名称 | 作用 |
|---|---|---|
| 1 | | |
| 2 | | |
| 3 | | |
| 4 | | |

| 结构序号 | 结构名称 | 作用 |
|---|---|---|
| 5 | | |
| 6 | | |
| 7 | | |
| 8 | | |
| 9 | | |
| 10 | | |
| 11 | | |
| 12 | | |

3. 根据以下四线制道岔控制电路图,回答相关问题。

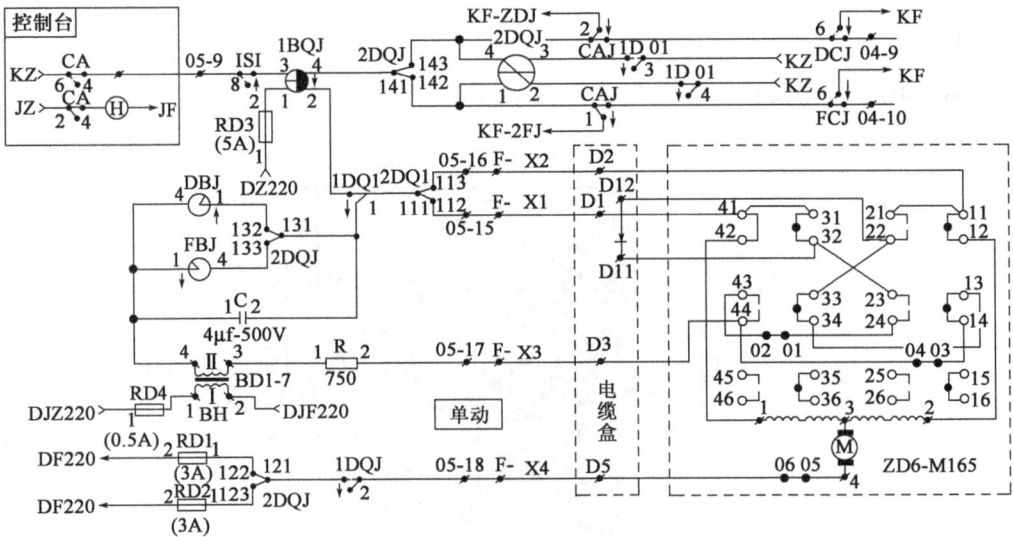

| 道岔控制电路工作分析表 | | | |
|---|---|---|---|
| 电路 | 继电器工作的条件 | 控制台显示/室外设备状态 | 故障现象 |
| 1DQJ电路 | | | |
| 1DQJF电路 | | | |
| 2DQJ电路 | | | |
| DBJ电路 | | | |
| FBJ电路 | | | |
| BHJ电路 | | | |

| 道岔状态 | 励磁条件 | 接通公式 |
|---|---|---|
| 道岔在定位状态 | FCJ励磁吸起检查进路解锁后,由FCJ第6组前接点将1DQJ的3-4线圈励磁电路接通,其励磁电路为: | |
| | 1DQJ励磁后,用其前接点构成2DQJ的转极,转极后用2DQJ第4组接点切断1DQJ的励磁电路。2DQJ的转极电路为: | |
| | 由于1DQJ的吸起和2DQJ的转极,接通1DQJ的1-2线圈自闭向室外电机送电电路,使电动转辙机直流电动机转动,将道岔从定位转换至反位。电机转换过程中保持1DQJ自闭吸起。电机供电电路为: | |
| | 道岔表示电路为: | BB3→R1-2→电缆 X3→移位接触器04-03→自动开闭器14-13→自动开闭器34-33→二极管Z1-2→自动开闭器32-31→自动开闭器41→电缆X1→2DQJ 112-111→1DQJ 11-13→2DQJ 131-132→DBJ 1-4→BB4 |
| 道岔在反位状态 | 道岔表示电路为: | |
| | 道岔动作电路为: | |

4. 写出以下六线制道岔控制电路的电路接通公式。

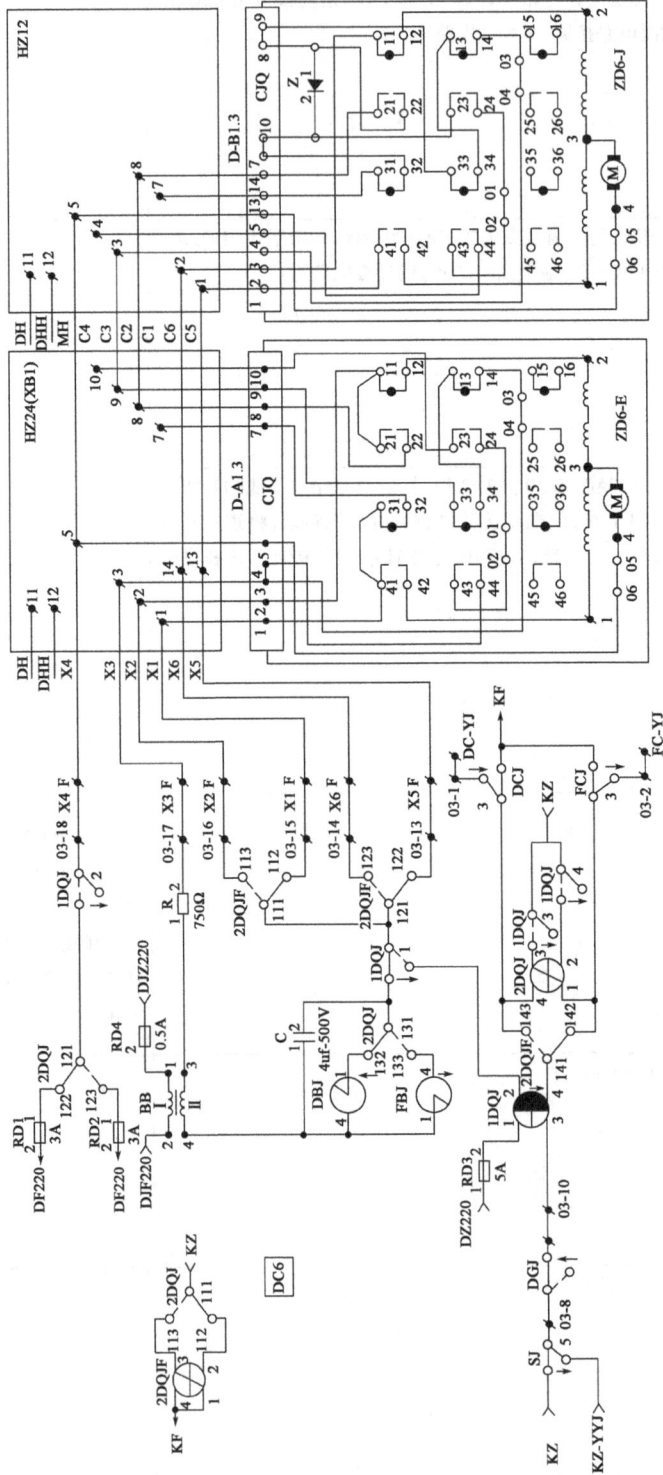

5. 常见道岔电路认知。

S700K室外控制电路反位-定位启动电路：

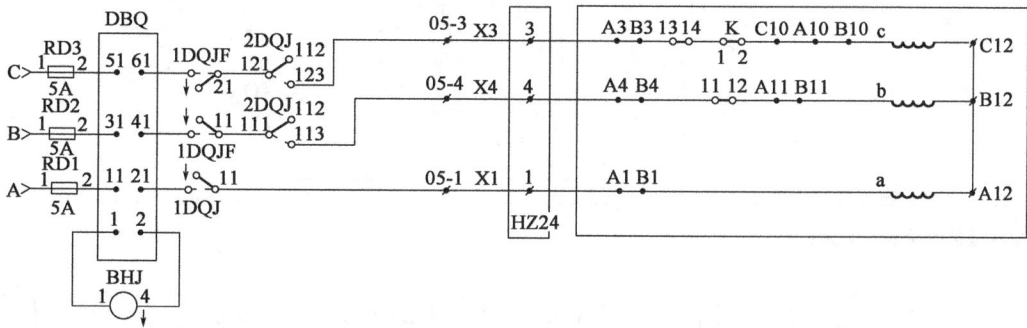

ZYJ7型电液转辙机室内道岔启动电路：

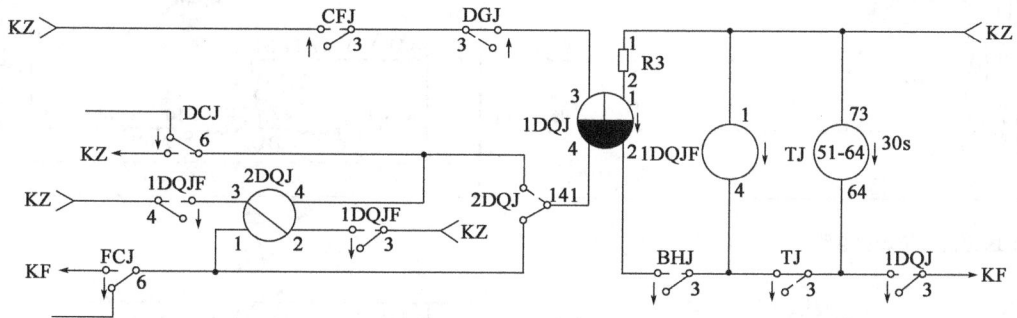

ZYJ7型电液转辙机室内道岔动作电路：

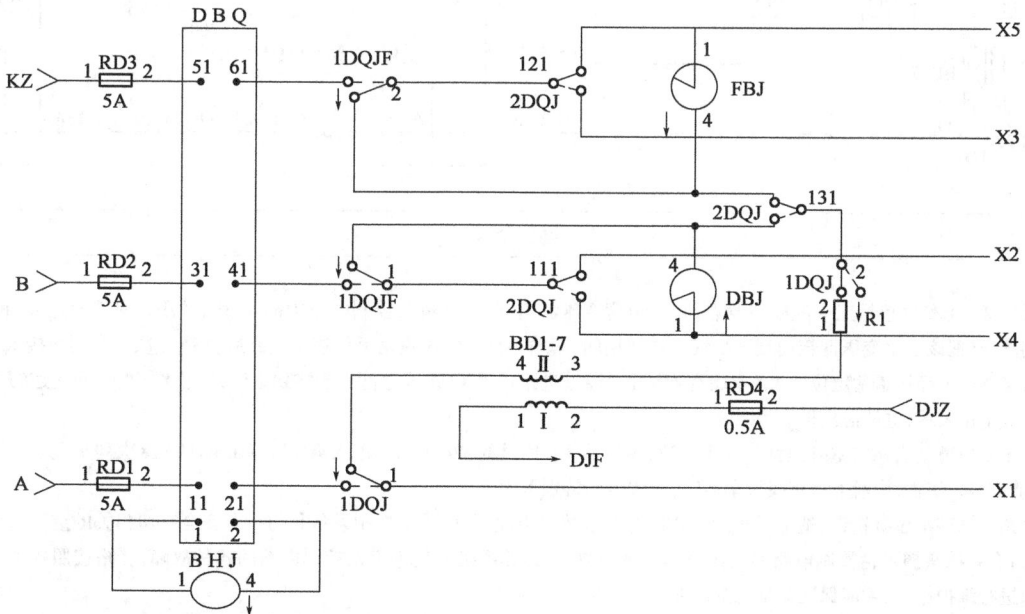

| 道岔表示电路等效电路： |
| --- |

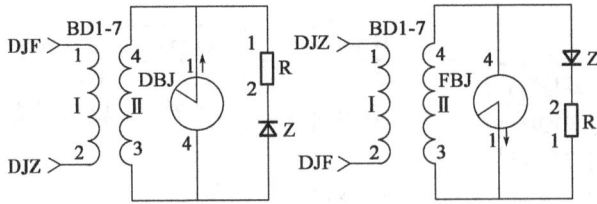

DJF BD1-7 1 4 DBJ 1 1 R DJZ BD1-7 1 4 FBJ 1 Z
I Ⅱ 2 Z I Ⅱ 2 R
DJZ 2 3 4 Z R DJF 2 3 1

| S700K道岔定位表示电路： |
| --- |

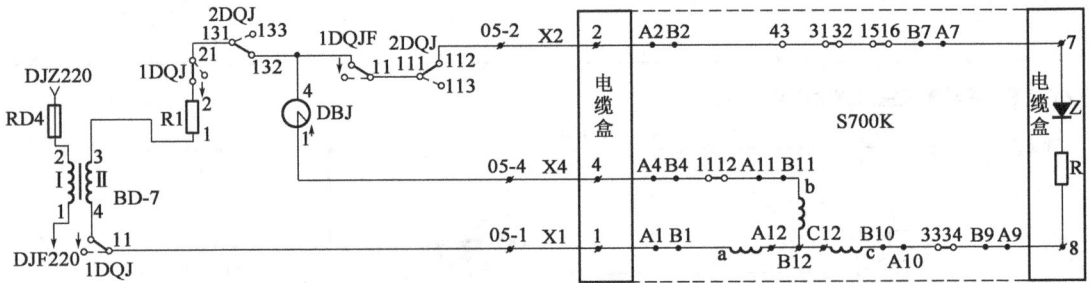

2DQJ 131 133 1DQJF 2DQJ 05-2 X2 2 A2 B2 43 3132 1516 B7 A7 7
DJZ220 21 132 11 111 112 113
RD4 1DQJ R1 2 1 4 DBJ 1
I Ⅱ BD-7 电缆盒 S700K 电缆盒 Z
DJF220 1DQJ 11 05-4 X4 4 A4 B4 1112 A11 B11 b R
05-1 X1 1 A1 B1 A12 C12 B10 3334 B9 A9 8
a B12 c A10

| S700K道岔反位表示电路： |
| --- |

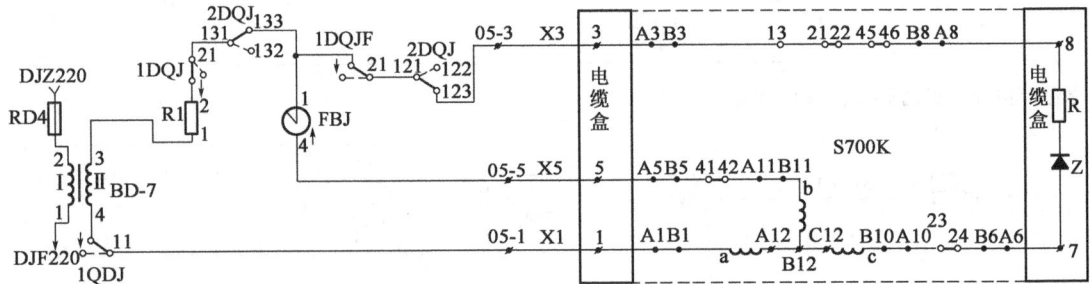

2DQJ 131 133 1DQJF 2DQJ 05-3 X3 3 A3 B3 13 2122 4546 B8 A8 8
DJZ220 21 132 21 121 122 123
RD4 1DQJ R1 2 1 1 FBJ 4
I Ⅱ BD-7 电缆盒 S700K 电缆盒 Z
DJF220 1QDJ 11 05-5 X5 5 A5 B5 4142 A11 B11 b R
05-1 X1 1 A1 B1 A12 C12 B10 A10 24 B6 A6 7
a B12 c 23

| 案例分析 |
| --- |

京广线×××车站信号工未经联系要点，打开道岔变压器箱，断开某道岔控制电路中的X1线，并用二极管封连X1和X3线端子，整理该道岔变压器箱内端子配线。在此期间，车站办理了经该道岔反位接车进路后，将818次旅客列车接入4G，而后又办理了经该道岔定位的324次旅客列车ⅡG通过进路。因X1线该道岔未能转到定位，但经X1和X3间封连的二极管构成定位表示，进站信号机显示绿灯。

由于室内道岔表示与室外道岔位置不一致，本应从ⅠG通过的324次列车进入4G，与停在4G的818次列车发生追尾冲撞，造成多人伤亡，中断上行正线行车多时，构成行车特别重大事故。

铁路车站道岔位置错误，造成了车毁人亡的行车事故。由此可见，道岔控制设备是与行车安全密切相关的重要联锁设备，只有熟练掌握道岔控制电路的动作原理和维护方法，迅速准确地处理道岔控制电路的各种故障，严格按照相关技术要求进行维护作业，才能保证车站范围内的作业安全。

| 通过本案例,谈谈你对道岔控制电路对行车安全影响的认识。 |
| --- |
|  |

| 学习效果评价 | | |
| --- | --- | --- |
| 评价指标 | 自我评价 | 教师评价 |
| 1. 知识学习效果 |  |  |
| 2. 能力目标达成度 |  |  |
| 3. 素质提升效果 |  |  |

本任务最终评价:

教师签名: 　　　　年 　 月 　 日

注:1. 自我评价、教师评价和最终评价均采用等级表示,填写优、良、中、及格和不及格。

　　2. 最终评价作为本课程总评价内容之一。

# 任务 2-2 转辙机日常维护保养

## 任务描述

转辙机作为转换道岔的机械装置,每天会带动道岔尖轨左右移动上千次,加之道岔结构存在有害空间,列车从道岔上方经过时会带来巨大的冲击力,这些冲击力都依靠转辙机来提供锁闭力,使道岔保持在一个位置不会移动,从而保证行车安全,故转辙机的日常维护保养尤为重要。

## 任务目标

1. 掌握转辙机维护保养实训的基础知识,理解轨道信号运营部门的工作任务、工作特点、工作流程以及所需核心技能。

2. 掌握转辙机的内部结构维护保养方法等。

## 任务指导

S700K 型电动转辙机安装工艺流程如图 2-3 所示。

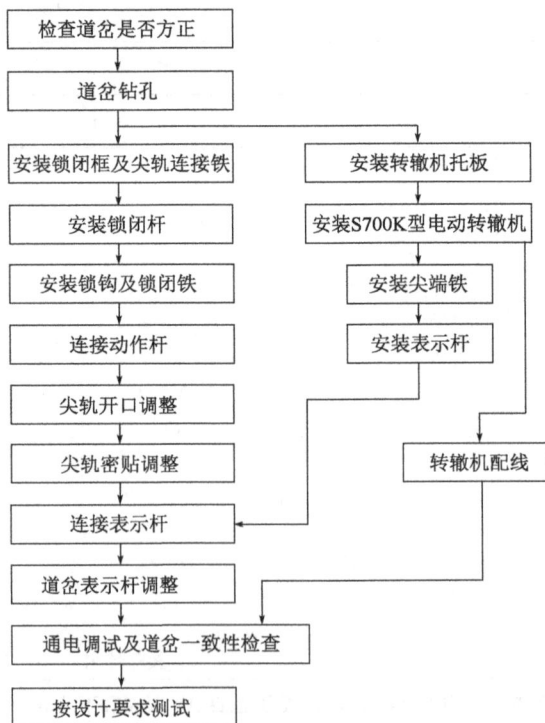

```
┌──────────────────┐
│  检查道岔是否方正  │
└──────────────────┘
         ↓
┌──────────────────┐
│     道岔钻孔       │
└──────────────────┘
         ↓                          ↓
┌────────────────────┐    ┌──────────────────┐
│ 安装锁闭框及尖轨连接铁 │    │   安装转辙机托板   │
└────────────────────┘    └──────────────────┘
         ↓                          ↓
┌──────────────────┐    ┌────────────────────┐
│    安装锁闭杆      │    │ 安装S700K型电动转辙机 │
└──────────────────┘    └────────────────────┘
         ↓                          ↓
┌──────────────────┐    ┌──────────────────┐
│  安装锁钩及锁闭铁   │    │    安装尖端铁      │
└──────────────────┘    └──────────────────┘
         ↓                          ↓
┌──────────────────┐    ┌──────────────────┐
│    连接动作杆      │    │    安装表示杆      │
└──────────────────┘    └──────────────────┘
         ↓
┌──────────────────┐
│    尖轨开口调整     │
└──────────────────┘
         ↓                          ↓
┌──────────────────┐    ┌──────────────────┐
│    尖轨密贴调整     │    │    转辙机配线      │
└──────────────────┘    └──────────────────┘
         ↓
┌──────────────────┐
│    连接表示杆      │
└──────────────────┘
         ↓
┌──────────────────┐
│   道岔表示杆调整    │
└──────────────────┘
         ↓
┌────────────────────────┐
│ 通电调试及道岔一致性检查   │
└────────────────────────┘
         ↓
┌──────────────────┐
│   按设计要求测试    │
└──────────────────┘
```

图 2-3 S700K 型电动转辙机安装工艺流程

## 1. 检查道岔是否方正

与工务部门配合,调整好道岔尖轨处枕木之间的位置,以及检查道岔是否方正,是否达到安装要求。

## 2. 道岔钻孔

按规定尺寸对道岔进行钻孔,钻孔完毕后进行复测,检查钻孔的位置是否符合尺寸要求。

## 3. S700K 型电动转辙机安装

(1)安装转辙机托板。

在安装转辙机前,进行转辙机托板安装。

(2)安装转辙机。

打开开关锁,此时手摇把可以插入摇把齿轮;打开机盖锁,注意不要在打开开关锁前强力打开机盖锁;将转辙机安装于稳固的水平基础之上,转辙机与托板的连接从转辙机内部,采用 4 颗 M20×85 螺栓紧固。此时可进行转辙机配线。

(3)安装尖端铁。

尖端铁主要用于连接道岔的尖轨与长、短表示杆。每组道岔有左、右两个尖端铁,分别安装在左、右两侧尖轨上。由于尖轨上尖端铁的安装孔已在制造道岔时预制好,因此在道岔铺设完成后即可安装。安装时确保薄、厚头部螺栓的安装位置正确。

(4)安装表示杆。

将长、短表示杆连接到尖端铁上,表示杆另一端暂不连接到转辙机检测杆,可在调试过程中完成连接。

## 4. 外锁闭装置安装

(1)安装锁闭框及尖轨连接铁。

将两侧的锁闭框和尖轨连接铁分别安装在两侧的基本轨和尖轨上,安装前需将安装侧的尖轨拨离基本轨。锁闭框安装螺栓应大约在锁闭框安装长孔的中心位置,暂不拧紧,以便随后调整。尖轨连接铁用来连接锁钩,每个牵引点 2 个,和尖端铁紧靠平行安装在靠岔心方向钢轨腰部,在第一牵引点采用 M20×90 固定螺栓,在第二牵引点采用 M20×105 固定螺栓,为了锁钩安装方便,尖轨连接铁暂不紧固。

(2)安装锁闭杆。

将锁闭杆按规定位置装入锁闭框内。锁闭杆为两段式,中间为绝缘连接,先将两段进行中间连接,再穿入锁闭框内,调整锁闭框,使锁闭杆在锁闭框内摆放平顺不别卡。

(3)安装锁钩及锁闭铁。

事先将尖轨连接铁上销轴取出,注意保持销轴表面清洁。将即将安装锁钩的一侧尖轨拨离基本轨,取掉锁钩挡板最下方的对穿螺栓和套管后,将锁钩放在锁闭杆上,锁闭杆卡在两挡板中间,锁钩缺口卡在锁闭杆的凸起处,然后恢复挡板最下方的对穿螺栓和套管。

将锁闭铁插入锁闭框方孔内,同时将固定螺栓一头钩住基本轨,另一头穿入锁闭框和锁闭铁安装孔内,带上平垫、弹垫和M20螺母,使固定螺栓和锁闭铁不松动,暂不拧紧。撬动本侧尖轨,使尖轨与基本轨处于密贴状态,另一侧尖轨处于自开状态,用手托起锁钩,拨动锁闭杆至规定位置。

(4)连接动作杆。

手摇转辙机,使转辙机动作杆状态与道岔状态一致,通过动作连接杆将锁闭杆与转辙机动作杆连接在一起。调整锁闭框,使锁闭杆与转辙机动作杆平行,并且转换过程中锁闭杆平顺不别卡,然后拧紧锁闭框与基本轨的固定螺栓。

5. S700K型电动转辙机与分动外锁闭调试

首先使转辙机处于手操状态,调整道岔的机械参数,使其符合要求,包括尖轨开口调整、尖轨密贴调整、转辙机表示缺口调整;然后使转辙机处于电操状态,对道岔机械参数进行复检和一致性检查。

6. 转辙机模拟通电调试及道岔一致性检查

(1)转辙机模拟通电调试。

第一步:室内在不接室外电缆的情况下,先将道岔组合侧面380V动作电源切断,然后将X1、X4、X5在分线盘上连通,在X1与X2、X1与X3间挂二极管模拟,对道岔区段解锁,来回单操,核对DCJ、FCJ、2DQJ、DBJ、FBJ状态,试验道岔室内表示电路是否正确。

第二步:拆除X1、X4、X5连线及模拟二极管,在X1与X2、X2与X5、X1与X5间同时挂200W 220V灯泡,来回单独操纵,核对道岔状态与X1、X2、X5的380V动作电源输出。在定位状态,让道岔动作,核对时间继电器是否在13s后自动吸起,检查启动电路时间电路是否正常。切断同一道岔尖轨和心轨任一道岔组合的任意一路动作电源,检查断相保护器工作是否正常以及本道岔的所有组合向分线盘供出的动作电源是否都被切断。拆除上述连线及灯泡,在X1与X3、X3与X4、X1与X4间同时挂200W 220V灯泡,来回单独操纵,按上述过程逐一试验反位状态。

(2)道岔一致性检查及测试。

在室外电缆配线导通完成后,拆除连线及灯泡,将电缆连接,带动室外道岔试验。道岔转动时室外人员注意检查转辙机动作、声音是否正常,道岔动作是否正常,是否有吃力、卡阻现象,道岔锁闭是否正常等。对道岔进行4mm不锁闭和2mm锁闭检查,即:道岔转换过程中,在牵引点处尖轨与基本轨密贴面之间卡入4mm厚隔板,道岔不得锁闭和接通表示;卡入2mm厚隔板,道岔能够锁闭和接通表示。若没有达到要求或多次试验时状态不稳定,则须对道岔密贴进行微调,直至多次试验状态均稳定。

## 任务实施

### 任务2-2 转辙机和道岔日常维护保养实训工单

| 班级及小组编号 | | 成员姓名 | |
|---|---|---|---|
| 任务描述 | | | 预期目标 |
| 任务名称 | 转辙机和道岔日常维护保养 | | 能够认知转辙机结构,完成日常的检修作业流程,对机械部分进行更换。 |
| 任务编号 | 2-2 | | |
| 任务类型 | 理实一体 | | |

1. S700K型电动转辙机巡检作业指导

| 流程 | | 工作内容 |
|---|---|---|
| 巡检准备流程 | 预测预判 | 通过信号集中监测、缺口监测等手段,对被巡检道岔进行调阅分析,针对可能存在的问题,提出巡修要求。<br> |
| | 派班会 | 明确巡检作业负责人、室内外防护员、相关作业人、作业时间、作业地点、巡检要求和安全预判,进行安全讲话。 |
| | 工具及仪表准备 | 联络工具、夜间照明灯、手锤、扳手、克丝钳、尖嘴钳、长嘴钳、螺丝刀、刮刀、密贴检查片、道岔钥匙、开箱钥匙、安全木、防护员防护用具等,高铁巡检还需塞尺。 |
| | 材料准备 | 机油、棉纱、1.0mm和1.6mm防松铁丝、各种规格开口销等。 |

| | | |
|---|---|---|
| 道岔巡检作业流程(做到一看、二扳、三验) | 一看:看七项内容 | 确认道岔一致性后,看:一是转辙机是否方正;二是各类杆件是否平直、与工务枕木平行;三是各类螺栓是否紧固,防松扎线、开口销齐全;四是各类箱盒是否无损伤裂纹、引线无脱落;五是打开防尘罩,看各种标识;六是外部是否有影响设备正常使用的因素(如石碴、辊轮、工务防跳器、顶铁、融雪装置、废弃物等);七是转辙机、密检器内部部件及缺口分机是否正常工作。<br><br> |
| | 二扳:观察扳动过程 | 打开转辙机、密检器防尘罩,观察道岔扳动过程中的四项内容:一是检查解锁、转换和锁闭过程是否动作顺畅;二是检查是否有杆件别卡、销孔旷量过大和密检器动作异常现象;三是检查道岔是否密贴良好、缺口外标识是否良好;四是检查工务状态,包括检查尖轨、基本轨、防跳器、辊轮、滑床板、顶铁、基本轨工务轨距铁、尖轨根部间隔铁等。 |
| | 三验 | (1)对各杆件、活动部位和滑床板等进行清扫,检查老伤裂纹并进行注油,清除周围杂物。<br>(2)按要求对转辙机、密检器、箱盒加锁进行检查,开口销、防松扎线不缺少。<br>(3)做好道岔相关参数的记录并纳入一岔一档管理。<br>(4)清点工具、材料等,做到现场工完料清。<br>(5)对巡检发现的结合部问题,联系工务部门进行整修。 |

| 2.ZYJ7提速道岔检修作业指导 | | |
|---|---|---|
| 流程 | | 工作内容 |
| 巡检准备流程 | 预测预判 | 通过信号集中监测、缺口监测等手段,对被检道岔进行调阅分析,针对可能存在的问题提出检修要求。<br><br>道岔启动电流曲线 / 道岔启动电流曲线<br>动作曲线[ABC] 摩擦曲线[ABC] 参考曲线[ABC] |
| | 派班会 | 明确检修作业负责人、室内外防护员、作业时间、作业地点、检修要求和安全预判,进行安全讲话。 |
| | 工具及仪表准备 | 联络工具、夜间照明灯、手摇把、手锤、扳手、克丝钳、尖嘴钳、长嘴钳、套筒扳手、螺丝刀、刮刀、直钢尺(钢卷尺)、密贴检查片、塞尺、水平尺(高铁维护)、道岔钥匙、开箱钥匙、安全木、防护员防护用具、万用表、油压表等。 |
| | 材料准备 | 机油、棉纱、1.0mm和1.6mm防松铁丝、各种规格开口销、各种调整插片、接点擦拭麂皮(白纱布)、不同规格的螺栓若干等。 |
| 道岔检修作业流程(做到一看、二扳、三测、四检、五验) | 一看:看六项内容 | 确认道岔一致性后,看:一是转辙机是否方正;二是各类杆件是否平直、与工务枕木平行;三是各类螺栓是否紧固,防松扎线、开口销齐全;四是各类箱盒、机壳是否标识齐全、无损伤裂纹、引线无脱落;五是外部是否有影响设备正常使用的因素(如石碴、辊轮、工务防跳器、顶铁、废弃物等);六是油箱油位是否正常。 |
| | 二扳:观察扳动过程 | 观察道岔扳动过程中四项内容:一是观察解锁、转换和锁闭过程是否动作顺畅,有无杆件别卡;二是观察转辙机有无渗漏油;三是观察惰性轮作用是否正常,油缸有无反弹;四是观察电机、油泵有无异响。 |
| | 三测:测量五项标准 | 一是检查道岔各转辙点开程及定、反位偏差是否符合标准。二是检查各点锁闭量是否符合标准。三是用塞尺检查密贴间隙。四是用不同厚度的试验板(铁)检查道岔密贴。五是完成相关特性测试。 |

| 流程 | | 工作内容 |
|---|---|---|
| 道岔检修作业流程（做到一看、二扳、三测、四检、五验） | 四检:检修10项内容 | (1)箱盒、转辙机、密检器内部检查。<br>(2)扳动道岔检查转换过程的状态。<br>(3)道岔锁闭框、销轴、密贴、开程、锁闭量、表示缺口等按序、按需调整。<br>(4)杆件、轨距杆绝缘检查。<br>(5)各部螺栓紧固,弹垫作用良好,销孔旷量不超标。<br>(6)接点座、接点环、接点清扫检查调整。<br>(7)密检器内部弹簧,动、静接点动作及插入深度检查,缺口检查。<br>(8)工务状态检查,包括尖轨、基本轨、防跳器、辊轮、滑床板、顶铁、基本轨工务轨距铁、尖轨根部轨间隔铁等检查。<br>(9)在检修的同时,对各杆件、活动部位和滑床板等进行清扫,检查老伤裂纹并进行注油。<br>(10)转辙机内部配线检查,缺口监测设备检查、校核。 |
| | 五验:复验四个环节 | (1)开口销、防松扎线不缺少;道岔转换无异常,表示缺口符合标准。<br>(2)填写检修卡后按要求对转辙机、密检器、箱盒进行加锁,加盖防尘罩,保证防松防脱良好。<br>(3)做好道岔相关参数的记录并纳入一岔一档管理。<br>(4)清点工具、材料并清除周围杂物等,做到现场工完料清。<br>(5)对检修发现的结合部问题,联系工务部门进行整修。 |

**3. 作业总流程。**

| |
|---|
| (1)作业目的:发现并克服设备隐患、缺点,确保设备运用质量符合技术标准。 |

| |
|---|
| (2)巡检、检修作业流程图。<br><br>作业前准备 → 登记联系 → 巡检 → 复查试验 → 销记 → 小结<br><br>作业前准备 → 登记联系 → 检修 → 复查试验 → 销记 → 小结 |

| |
|---|
| (3)登记联系。<br>　　驻站(所)联络员携带作业调度命令、作业派工单提前40min(高铁提前60min)到车站信号楼,经车站值班员签认,调度命令下达后开始工作;在值台联系过程中必须认真执行《驻站联络员作业标准》,密切监视列车运行情况,及时通知现场防护员,并填写"驻站防护控制表"。<br>　　驻站(所)联络员必须按照《铁路技术管理规程》《铁路行车组织规则》《铁路线路维修规则》有关要求和《电务部门作业在"运统-46"上登记、销记用语》样板,在《行车设备施工登记簿》(运统-46施工)内登记。 |

| |
|---|
| (4)销记。<br>　　复查完毕,作业人员联系驻站(所)联络员,由驻站(所)联络员会同车站值班员进行扳动试验,达良好后销记、交付使用。 |

| |
|---|
| (5)小结。<br>　　作业完毕,工长组织召开派班会,作业人员汇报任务完成情况和设备质量情况,工长填写"工作日志",并制订待修缺点克服计划。 |

| | 素质提升 | | | | | | |
|---|---|---|---|---|---|---|---|

对转辙机进行日常维护,测试下列数值并填入表中,根据数据分析转辙机的状态。

| 型号 | 电源电压AC 三相(V) | 额定转换力 (kN) | 动程 (mm) | 工作电流 (A) | 动作时间 (s) | 最大溢流压力 (MPa) | 单线电阻 (Ω) |
|---|---|---|---|---|---|---|---|
| ZYJ7 | | | | | | | |

| | 学习效果评价 | |
|---|---|---|
| 评价指标 | 自我评价 | 教师评价 |
| 1. 知识学习效果 | | |
| 2. 能力目标达成度 | | |
| 3. 素质提升效果 | | |

本任务最终评价:

教师签名: 年 月 日

注:1. 自我评价、教师评价和最终评价均采用等级表示,填写优、良、中、及格和不及格。

2. 最终评价作为本课程总评价内容之一。

# 信号机点灯电路检修与故障处理

## 项目描述

信号机点灯电路控制信号机的灯光显示（信号显示），而信号显示直接指示列车及车列的运行。用准确可靠的信号显示保证车站作业安全是车站联锁设备的主要任务，信号机在运营过程中一直处于亮灯状态，一旦信号机熄灭将影响全线的行车组织。本项目介绍不同类型信号机的结构特点、常见故障种类。通过本项目的学习，学生将能够处理工作中的信号机故障问题。

## 项目要求

1. 掌握信号机点灯电路的各项技术要求及电路实现方法，掌握进站、出站、调车等站内信号机点灯电路的基本结构和工作原理。

2. 对照联锁表，认真核对每一信号机的各种灯光显示，发现错误或不合理的显示，要查明原因，并及时处理，保证信号显示正确无误。

3. 掌握色灯信号机检修作业标准，正确检修色灯信号机；掌握信号机点灯电路各项电气参数要求，正确使用万用表测试信号机点灯电路的各项参数，并根据测试结果分析调整信号机点灯电路的电气参数，做好色灯信号机的日常检修和测试工作。

4. 掌握双丝转换、主灯丝断丝报警电路的原理，熟练掌握信号机点灯电路常见故障的现象和报警提示，并能准确判断和迅速处理信号机点灯电路各种常见故障。

## 项目目标

| 知识目标 | 1. 理解信号机点灯电路的原理。<br>2. 明确信号机点灯电路的防护要求。 |
|---|---|
| 技能目标 | 1. 掌握色灯信号机检修作业标准，能够按照作业标准检修色灯信号机。<br>2. 掌握信号机点灯电路各项电气参数，正确使用万用表测试信号机点灯电路的各项参数，并根据测试结果判断信号机点灯电路的故障。 |
| 素养目标 | 1. 遵守严谨的故障-安全原则。<br>2. 提高理论联系实际和应急处理问题的能力。 |

## 实施载体

信号机是用于指挥列车运行的信号设备,它直接向列车司机发出行车指令,是列车运行的重要凭证。信号机显示为开放信号时允许列车通过进路,信号机显示为关闭信号时禁止列车驶入进路。高速铁路实训中心的轨旁信号机,包括进站信号机、出站信号机、调车信号机和通过信号机,信号机点灯电路控制信号机的信号显示,而信号显示直接指示列车及车列的运行。信号机点灯电路就是由室内的控制条件控制室外的色灯信号机的信号显示,室内外之间要通过电缆线路联系,所以设计信号机点灯电路时,既要考虑断线保护,又要考虑混线防护。

# 任务3-1　色灯信号机的检修与测试

## 任务描述

通过了解信号机的种类及结构,掌握常见信号机的分类,并清楚各种信号机内部主要部件组成。同时,理解信号机显示的意义,明确信号机显示过程,以及信号机如何遵循故障-安全原则。

## 任务目标

1. 掌握色灯信号机检修作业标准,能够按照作业标准检修色灯信号机。
2. 提高理论联系实际和应急处理问题的能力。

## 任务指导

### 一、信号机的分类

**1. 按用途分类**

按照用途的不同,信号机可分为进站信号机、出站信号机、进路信号机、预告信号机、调车信号机、通过信号机、驼峰信号机等。

**2. 按光源分类**

按照光源的不同,信号机可分为(白炽灯)透镜式色灯信号机、组合式色灯信号机和发光二极管(light-emitting diode,LED)色灯信号机。

(1)透镜式色灯信号机。

透镜式色灯信号机采用透镜组将光源发出的光束聚成平行光束。这种信号机结构简单,安装方便,控制电路所用电缆芯线少,所以得到广泛应用。

透镜式色灯信号机灯位组成(图3-1):灯泡(采用直丝双丝铁路信号灯泡)、灯座(定焦盘式灯座)、透镜组、遮檐(防止阳光等光线直射时产生错误的幻影显示)、背板(黑色,背景暗,可衬托信号灯光亮度,改善瞭望条件)等。

透镜组[图3-2(a)]:装在镜架框上,由两块带棱凸透镜组成,其中内透镜为有色带棱外凸透镜,外透镜为无色带棱内凸透镜。使用带棱透镜的原因是它比不带棱透镜轻且较

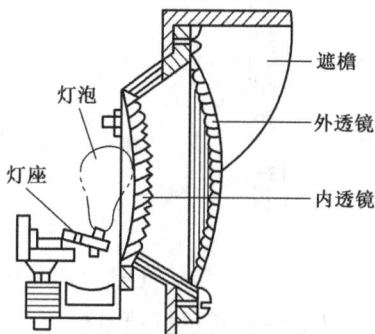

图3-1　透镜式色灯信号机灯位组成

薄,光线通过时损失少;使用两块透镜可以缩短焦距,提高光源利用率,增加射出平行光的强度。信号机显示颜色取决于有色透镜,可根据需要选用。

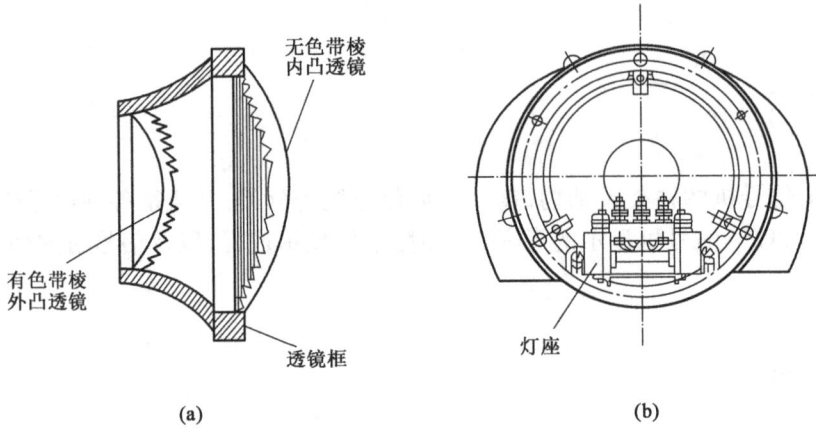

图 3-2　透镜组和灯座

灯泡:是色灯信号机的光源。目前信号机采用 12V 25W 直丝灯泡。根据需要可以使用双灯丝灯泡,当平时点亮的主灯丝断丝时,能通过外接的自动转换设备自动点亮副灯丝,保证信号不间断显示。

灯座[图 3-2(b)]:用于安放灯泡。多采用定焦盘式灯座,调整好透镜组焦点后固定灯座,更换灯泡时无须再调整。

透镜式色灯信号机有高柱和矮型两种类型。高柱信号机(图 3-3)的信号机构安装在钢筋混凝土信号机柱上,由机柱、信号机构、托架、梯子等组成。机柱用于安装信号机构和梯子,信号机构的每个灯位配备相应的透镜组和灯泡,并给出信号显示。托架用来将信号机构固定在机柱上,每一信号机构需上、下托架各一个。梯子用于信号维修人员攀登及作业。矮型信号机(图 3-4)的信号机构安装在信号机水泥基础上,没有托架,也不需要梯子。

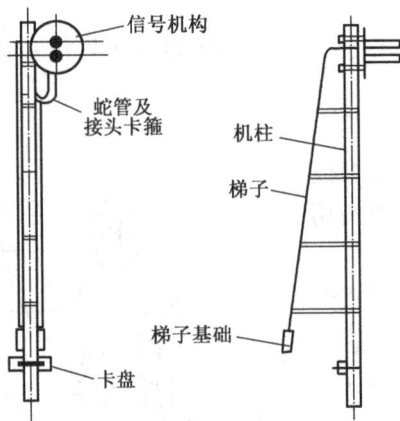

图 3-3　高柱信号机

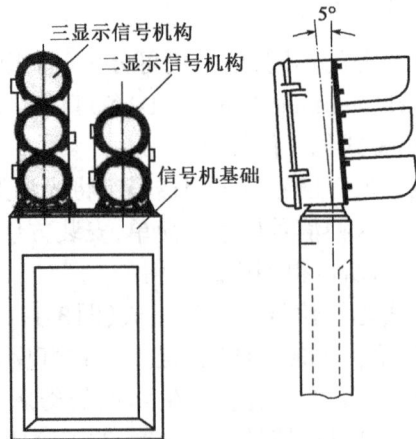

图 3-4　矮型信号机

(2)组合式色灯信号机。

组合式色灯信号机使用时,根据信号显示要求可以分别组装成单显示、二显示及三显示信号机构,故称为组合式,灯室间无窜光的可能。三显示信号机构有三个灯室,每个灯室有一组透镜、一副灯座、一个灯泡和一个遮檐。灯座间用隔板隔开,以防止相互窜光,保证信号显示的正确。背板是一个信号机构共用的。各种信号机根据信号显示的需要选用信号机构。

组合式色灯信号机如图3-5所示。其信号机构由光系统、机构壳体、遮檐、瞄准镜、插孔五部分组成。

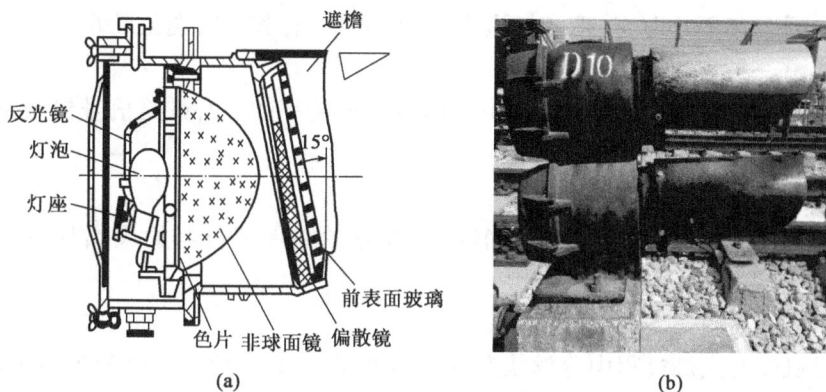

图3-5　组合式色灯信号机

组合式色灯信号机按非球面透镜的直径不同,分为XSZ-135型、XSZ-150型和XSZ-200型,其中应用最早、最多的是XSZ-135型。使用的偏散镜分为1型、2型、3型、4型四种类型。

(3)LED色灯信号机。

LED色灯信号机是一种免维护、少维修的信号器材,是运用近代光电子学器材和电子稳压新技术在信号领域的一次探索。LED色灯信号机主要由铝合金机构、发光盘、点灯装置、报警单元组成。LED色灯信号机机构规格与透镜式色灯信号机基本相同。该类信号机具有发光强度高、显示距离长、节能、寿命长、消除灯丝突然断丝、消除冲击电流等优点,具有小型化、轻量化、色泽一致、光束集中、应变速度快的特点。因此,在高速铁路交通中,基本上都采用LED色灯信号机。

LED发光盘是采用发光二极管制成的信号灯光源,如图3-6所示。发光盘分为高柱发光盘、矮型发光盘、表示器发光盘三种。

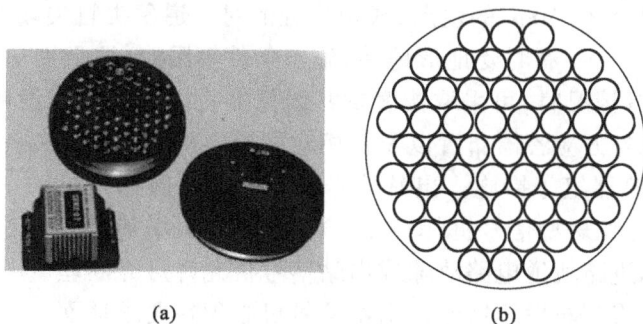

图3-6　LED发光盘

LED色灯信号机与透镜式色灯信号机相比,具有以下几个显著特点:

①可靠性高。

发光盘由上百只LED和数十条支路组成,个别LED或支路故障不会影响信号正常显示。

②寿命长。

LED寿命可达10万小时,是信号灯泡寿命的100倍,有利于实现免维修。

③节省能源。

信号灯泡功率为25W,发光盘功率小于信号灯泡功率的1/2,铁路信号机数量庞大,点亮时间长,LED节能效果显著。

④聚焦稳定。

发光盘焦距在设计和生产中已经确定,并能够始终保持良好的聚焦状态,不需要现场调整。

⑤无冲击电流。

LED信号机没有点灯过程中冷丝状态的冲击电流,有利于延长供电装置使用寿命。

⑥灯光颜色纯正。

不用滤色镜,光色由管芯材料决定,色泽纯正。

⑦耐震性强,不易损坏。

## 二、信号机的设置

车站设进站信号机、出站信号机。根据需要,作业量较大的车站可设进路信号机、调车信号机和复示信号机。作业较为单一的中间站、越行站列车进路上可不设调车信号机。

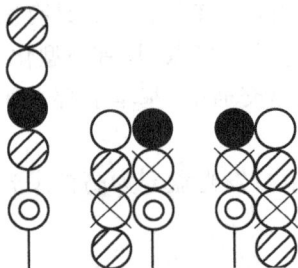

图3-7　进站信号机

进站信号机采用五灯位高柱信号机,从上到下依次是黄、绿、红、黄、月白。桥、隧地段信号机以及高柱信号机构外缘与接触网带电部分不符合安全距离要求时,可采用七灯位矮型信号机。当矮型进站信号机设于线路右侧时,定型配置的三、四灯位机构换位,使红灯位于线路侧,如图3-7所示。

出站信号机应设在距警冲标不小于55m(含过走防护距离50m)的地点,或距最近的对向道岔尖轨尖端不小于50m的地点。有时受地形地貌、施工条件等限制,遇个别车站股道有效长不足以及站台严重偏置等情况时,可采取按客货共线标准将出站信号机设在距警冲标5m的地点、优化出站信号机外方应答器布置以及在相应股道中部增加校核列车位置的无源应答器组等措施。出站信号机及发车进路信号机采用"红、绿、白"三灯位矮型信号机(图3-8)。出站信号机增加了引导信号,可以在发车进路轨道电路故障或出站信号机允许灯光断丝情况下,以引导方式将列车发至区间。出站信号机必须在要求地面信号机点灯的情况下才能开放引导信号,点亮红色灯光和月白色灯光。

图3-8　矮型信号机

根据需要可设置调车信号机(图 3-9),常态为一个蓝色灯光。正线上无特殊需求不设调车信号机。动车组运行径路上的调车信号机应设在距警冲标不小于 5m 的地点。其他径路上的调车信号机应设在距警冲标不小于 3.5m 的地点。设有调车危险应答器的调车信号机应尽量远离警冲标或防护道岔。调车信号机应采用现行规定的矮型调车信号机。尽头到发线上阻挡列车运行的调车信号机采用出站信号机机构并封闭绿色灯光。

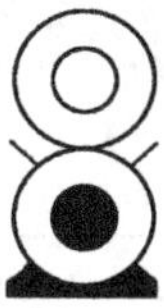

图 3-9  调车信号机

## 三、信号机的显示

列车信号机常态为灭灯状态,一般情况下不使用。只有当无列车自动保护系统(ATP)车载设备或车载设备故障时才使用。列车信号机的灯丝条件不纳入联锁检查。

ATP 车载设备正常工作时,司机以车载信号行车,地面信号机开放已无意义。所以车站及线路的列车信号机应常态灭灯不显示,仅起停车位置作用。对以隔离模式运行的动车组列车和施工路用列车,信号机点亮,灭灯视为红灯。这些信号机平时可以不亮灯,一方面节能,另一方面也可避免因地面信号与车载信号不一致时(如灯丝断丝)导致的混乱。仅运行动车组的高速铁路,遇列车未装设列控设备(可能包括维修车、轨道车等)或列控设备停用时,相应的列车信号机应经人工确认后转为点灯状态。

常态灭灯的车站(含无配线车站)出站信号机开放允许信号时应检查站间空闲条件。

调车信号机应常态点灯。地面信号机的信号显示仅表示允许列车越过该信号机或在该信号机前停车,不区分进路方向,无速度含义。地面信号机的接近区段长度应保证该信号机的信号关闭后,最高运行速度的列车不会在此距离外的区段上产生列车超速防护限制信息。

进站信号机显示含义:一个黄色闪光和一个黄色灯光表示准许列车按限速要求越过该信号机,经道岔侧向位置进入站内准备停车;一个红色灯光和一个月白色灯光表示准许列车在该信号机前方不停车,以不超过 40km/h 的速度进站或通过接车进路,并须准备随时停车;其他信号显示符合《技规》的规定。

出站信号机显示含义:一个绿色灯光表示准许列车由车站以站间闭塞方式出发,前方站间空闲;一个红色灯光和一个月白色灯光表示准许列车由车站以站间闭塞方式出发,发车进路列车速度不超过 40km/h,并须准备随时停车;其他信号显示符合《技规》的规定。

同一方向相邻列车信号机之间的距离应符合不同性能的列车按规定速度安全停车制动距离的要求。站内列车信号机的显示关系还应符合下列规定:

(1)办理了接车进路,接车进路终端的出站或进路信号机应点亮红色灯光,若该信号机红灯不能点亮,则防护接车进路的信号机应点亮红色灯光。

(2)办理了通过进路,进路上的出站或进路信号机应点亮相应允许灯光,若允许灯光灯丝断丝,则其前方信号机显示应相应降级。

# 任务实施

任务 3-1　色灯信号机的检修与测试实训工单

| 班级及小组编号 | | 成员姓名 | |
|---|---|---|---|
| **任务描述** | | **预期目标** | |
| 任务名称 | 色灯信号机的检修与测试 | 掌握色灯信号机的分类及基本组成,能够理解不同类型信号机的显示含义,完成检修测试。 | |
| 任务编号 | 3-1 | | |
| 任务类型 | 理实一体 | | |

1. 信号机的显示及分类。

| 信号机类型 | 灯光配列及对应含义 |
|---|---|
| | |
| | |
| | |

进站色灯信号机显示下列信号(四显示自动闭塞区段除外)的含义分别是什么?

(1)一个绿色灯光——

(2)一个黄色灯光——

(3)两个黄色灯光——

(4)一个红色灯光——

(5)一个绿色灯光和一个黄色灯光——

2. 进站信号机组合选用。

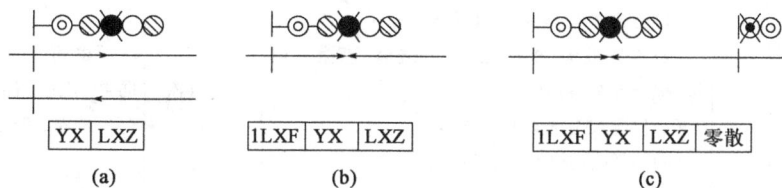

| YX | LXZ |
|----|----|

(a)

| 1LXF | YX | LXZ |
|------|----|----|

(b)

| 1LXF | YX | LXZ | 零散 |
|------|----|----|----|

(c)

对进站信号机和接车进路信号机,选用的组合有以上三种情况,其含义分别是:

(a)

(b)

(c)

3. 调车信号机组合选用。

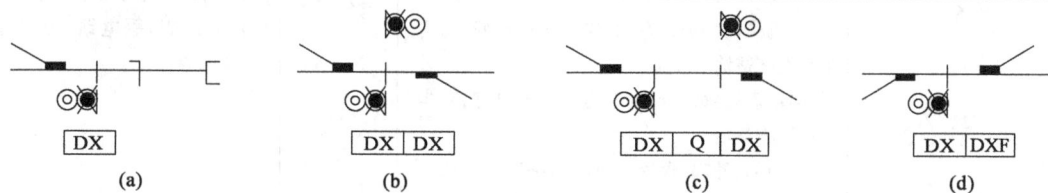

| DX |
|----|

(a)

| DX | DX |
|----|----|

(b)

| DX | Q | DX |
|----|---|----|

(c)

| DX | DXF |
|----|-----|

(d)

对调车信号机,选用的组合有以上四种情况,其含义分别是:

(a)

(b)

(c)

(d)

4. LED色灯信号机维护与保养。

| 修程 | 工作内容 | 周期 | 工具 |
|---|---|---|---|
| 巡检 | (1)安装螺栓、基础外观检查。<br>(2)信号机构、机柱无损伤,透镜、遮檐无损坏,螺栓齐全、良好。<br>(3)目测LED光点有无断点。<br>(4)外部(含透镜玻璃)清扫。 | 每季1次 | 手电筒或头灯、对讲机、安全防护用品、梯子、小工具(一套)、棉布、机油、黄油等。 |
| 测试 | (1)每个灯位电压测试、变压器测试,比较有无变化。<br>(2)每个灯位电流测试,比较有无变化。<br>(3)测试灯丝报警仪能否在限定值外报警。 | 每年1次 | 手电筒或头灯、对讲机、安全防护用品、梯子、小工具(一套)、万用表、棉布、机油、黄油等。 |
| 检修 | (1)同巡检内容。<br>(2)机构、机柱强度良好,无裂纹及损伤,螺栓紧固,加锁装置良好。<br>(3)变压器、整流板、发光二极管矩阵、光学透镜、钢化玻璃前置镜片外观完整、无损坏、无焦状、无异味,各部件安装牢固。<br>(4)线缆头插接紧固、无露铜,线缆无破皮、损伤,线缆去向铭牌完整、清晰。<br>(5)机构内部螺栓紧固、电气螺栓良好,防尘、防水设施整治。<br>(6)箱盒内部螺栓紧固、电气螺栓良好,防尘、防水设施整治。<br>(7)内部、外部(含透镜玻璃)清扫。<br>(8)更换不良器材。<br>(9)测量建筑限界(2年1次)。<br>(10)机构、机柱外部油饰(2年1次)。 | 每年1次 | 手电筒或头灯、对讲机、安全防护用品、梯子、小工具(一套)、万用表、手电钻、棉布、机油、黄油等。 |

5. 信号机故障处理流程。

　　处理信号机常见故障是信号维修人员的必备技能,进行信号机故障处理之前必须熟练掌握信号机维修保养工作内容,熟悉信号机一次测、二次测电压调整表,同时熟悉信号机点灯电路图。信号机是高速铁路运行中保证行车安全的重要设备,因此必须保证信号机的高可靠性,如若发生故障,首先应区分室内、外故障,再根据计算机联锁区域操作员工作站(LOW)显示状态进行故障分析,由此确定故障点的位置,进一步分析解决问题。无论采用何种信号机,其故障处理流程都大同小异,可通过如下LED色灯信号机故障处理流程及案例分析触类旁通。LED色灯信号机故障处理流程如下图所示,根据流程显示,按步骤完成信号机的测试工作。

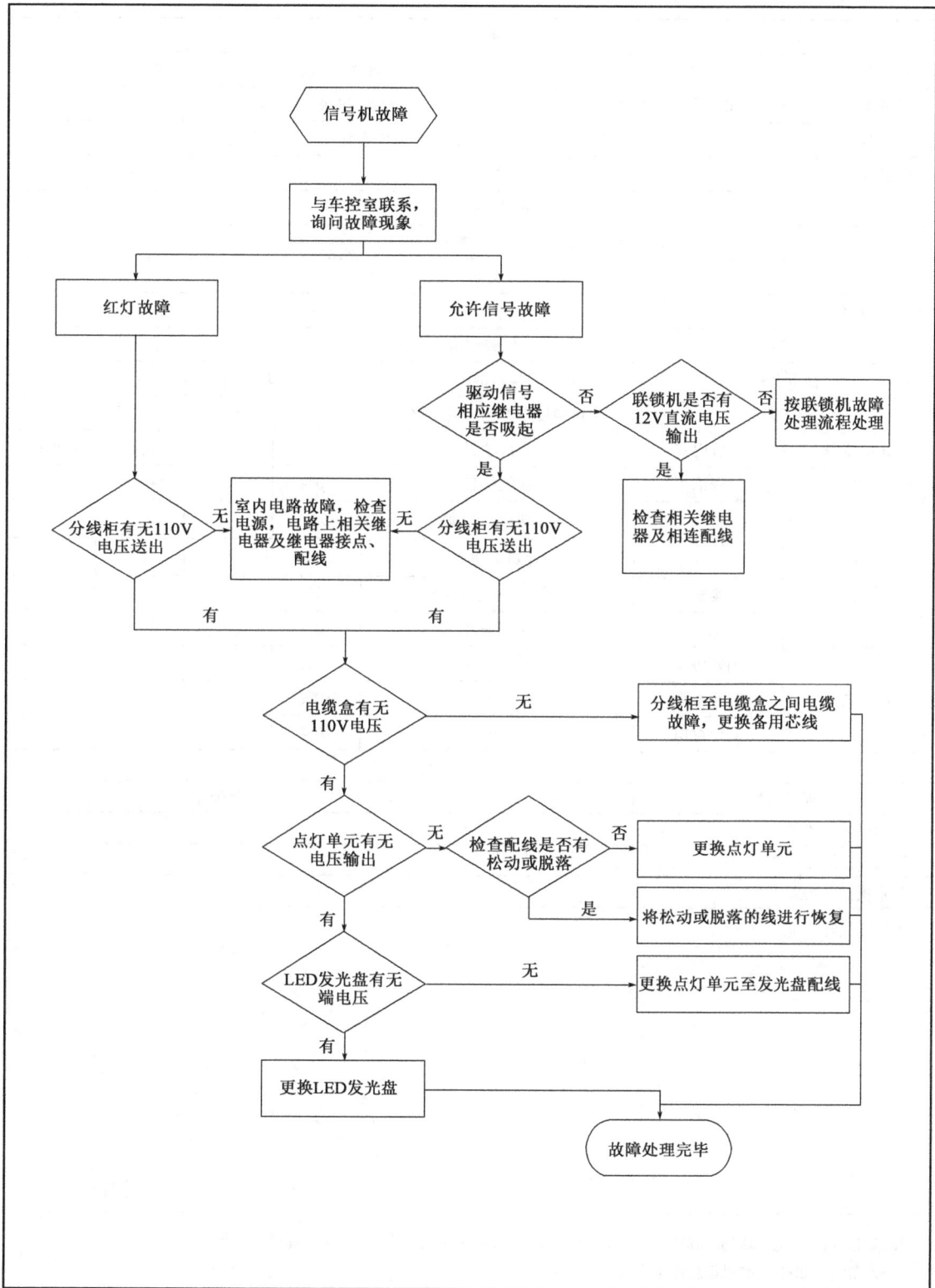

```
                        ┌─────────────┐
                        │  信号机故障  │
                        └──────┬──────┘
                               │
                    ┌──────────┴──────────┐
                    │  与车控室联系，      │
                    │  询问故障现象        │
                    └──────────┬──────────┘
            ┌──────────────────┴──────────────────┐
    ┌───────┴───────┐                      ┌───────┴───────┐
    │    红灯故障    │                      │  允许信号故障  │
    └───────┬───────┘                      └───────┬───────┘
            │                                       │
            │                            ┌──────────┴──────────┐   否   ┌─────────────┐  否  ┌──────────────┐
            │                            │  驱动信号相应继电器  ├───────│ 联锁机是否有  ├─────│ 按联锁机故障  │
            │                            │    是否吸起         │       │ 12V直流电压   │     │ 处理流程处理  │
            │                            └──────────┬──────────┘       │  输出        │     └──────────────┘
            │                                       │是                └──────┬──────┘
            │         ┌──────────────────┐          │                        │是
            │    无   │ 室内电路故障，检查 │   无   ┌─┴───────────┐      ┌────┴────────┐
    ┌───────┴───────┐─────│ 电源，电路上相关继 │◄──────│ 分线柜有无110V│      │ 检查相关继电  │
    │ 分线柜有无110V │     │ 电器及继电器接点、 │       │ 电压送出     │      │ 器及相连配线  │
    │ 电压送出      │     │ 配线             │       └─────┬───────┘      └─────────────┘
    └───────┬───────┘     └──────────────────┘             │
            │有                                              │有
            └────────────────────┬─────────────────────────┘
                      ┌──────────┴──────────┐        无      ┌──────────────────┐
                      │  电缆盒有无110V电压  ├───────────────│ 分线柜至电缆盒之间 │
                      └──────────┬──────────┘               │ 电缆故障，更换备用 │
                                 │有                         │ 芯线             │
                      ┌──────────┴──────────┐  无  ┌────────┴────┐  否  ┌──────────────┐
                      │  点灯单元有无电压输出 ├─────│ 检查配线是否有├─────│  更换点灯单元  │
                      └──────────┬──────────┘      │ 松动或脱落   │     └──────────────┘
                                 │有                └──────┬──────┘  是  ┌──────────────┐
                                 │                        └──────────────│ 将松动或脱落的 │
                                 │                                       │ 线进行恢复    │
                      ┌──────────┴──────────┐        无      ┌──────────────────┐
                      │  LED发光盘有无端电压 ├───────────────│ 更换点灯单元至发光 │
                      └──────────┬──────────┘               │ 盘配线           │
                                 │有
                      ┌──────────┴──────────┐
                      │    更换LED发光盘     │        ┌─────────────┐
                      └─────────────────────┘────────│  故障处理完毕 │
                                                      └─────────────┘
```

| 任务实施表 | | | | |
|---|---|---|---|---|
| 任务名称 | 查找信号机故障范围 | | 学习小组、人数 | 第 组 人 |
| 任务要求 | 会正确使用万用表测量电压 | | 专业、班级 | |
| 实施方式 | 团结协作、共同实施 | | | |
| 任务序号 | 实施步骤 | | | 使用资源 |
| 1 | 分线盘上测量、判断 | | | |
| 2 | 终端电缆盒上测量、判断 | | | |
| 3 | 数据记录及分析 | | | |
| 实施说明 | | | | |

| 任务评价表 | | | | | | |
|---|---|---|---|---|---|---|
| 任务名称 | | 查找信号机故障范围 | 学习小组、人数 | | 第 组 人 | |
| 任务要求 | | 会正确使用万用表测量电压 | 专业、班级 | | | |
| 评价类别 | 评价内容 | 评价项目 | 配分 | 自评 | 互评 | 教师评价 |
| 专业能力 | 资讯 | 搜集信息 | 10% | | | |
| | 计划 | 计划可实行度 | 5% | | | |
| | | 计划正确度 | 5% | | | |
| | 实施 | 思路清晰、查找正确 | 40% | | | |
| | 工具 | 使用规范 | 10% | | | |
| 社会能力 | 团队协作 | — | 10% | | | |
| | 敬业精神 | — | 10% | | | |
| | 安全意识 | — | 10% | | | |

| 学习效果评价 | | |
|---|---|---|
| 评价指标 | 自我评价 | 教师评价 |
| 1.知识学习效果 | | |
| 2.能力目标达成度 | | |
| 3.素质提升效果 | | |

本任务最终评价：

教师签名： 年 月 日

注:1.自我评价、教师评价和最终评价均采用等级表示,填写优、良、中、及格和不及格。

2.最终评价作为本课程总评价内容之一。

# 任务 3-2　信号机点灯电路故障处理

## 任务描述

　　信号机显示的灯光由室内车站值班员控制,使控制信号传递到信号机点灯单元,当信号机出现显示错误或不亮灯的情况,除了可能是传递通道断线和混线故障外,往往是点灯电路本身的问题。因此,本任务旨在完成对不同类型信号机点灯电路故障的分析与处理。

## 任务目标

　　1. 熟练掌握进站信号机、出站信号机、调车信号机点灯电路的工作原理。
　　2. 熟练掌握信号机点灯电路各种故障的分析、判断、处理方法。
　　3. 能够按照故障处理程序迅速准确地处理信号机点灯电路的各种常见故障。
　　4. 进一步提高理论联系实际和应急处理问题的能力。

## 任务指导

　　控制信号机灯光显示的电路称为信号机点灯电路。信号机点灯电路是安全电路,因此对其要求比较高。设计电路时既要考虑断线保护,也要考虑混线防护。信号机点灯电路断线,允许信号灭灯时,若信号显示降级,禁止灯光灭灯,则不允许信号机再开放。信号机具有灯丝报警电路,当主灯丝断丝时,能够产生报警信息。

　　下面以进站信号机为例进行说明,图3-10为进站信号机点灯电路。

　　平时进站信号机点红灯,其电路为:

　　XJZ220—RD1—DJ5-6—LXJ41-43—H外线—HB11-12—HH外线—LXJ63-61—RD2—XJZ220。

　　正线通过时点绿灯,其电路为:

　　XJZ220—RD1—DJ5-6—LXJ41-43—ZXJ81-82—TXJ21-22—L外线—LB11-12—LUH外线—LXJ62-61—RD2—XJZ220。

　　正线接车时进站信号机点一个黄灯,其电路为:

　　XJZ220—RD1—DJ5-6—LXJ41-43—ZXJ81-82—TXJ21-23—1U外线—1UB11-12—LUH外线—LXJ62-61—RD2—XJZ220。

　　侧线接车时进站信号机点两个黄灯,其电路为:

　　第一黄灯点灯电路:

　　XJZ220—RD1—DJ5-6—LXJ41-43—ZXJ81-82—TXJ21-23—1U外线—1UB11-12—LUH外线—LXJ62-61—RD2—XJZ220。

第二黄灯点灯电路：

XJZ220—RD3—2DJ5-6—LXJF71-72—ZXJ71-73—TXJ11-13—2U外线—2UB11-12—LUH外线—LXJ62-61—RD2—XJZ220。

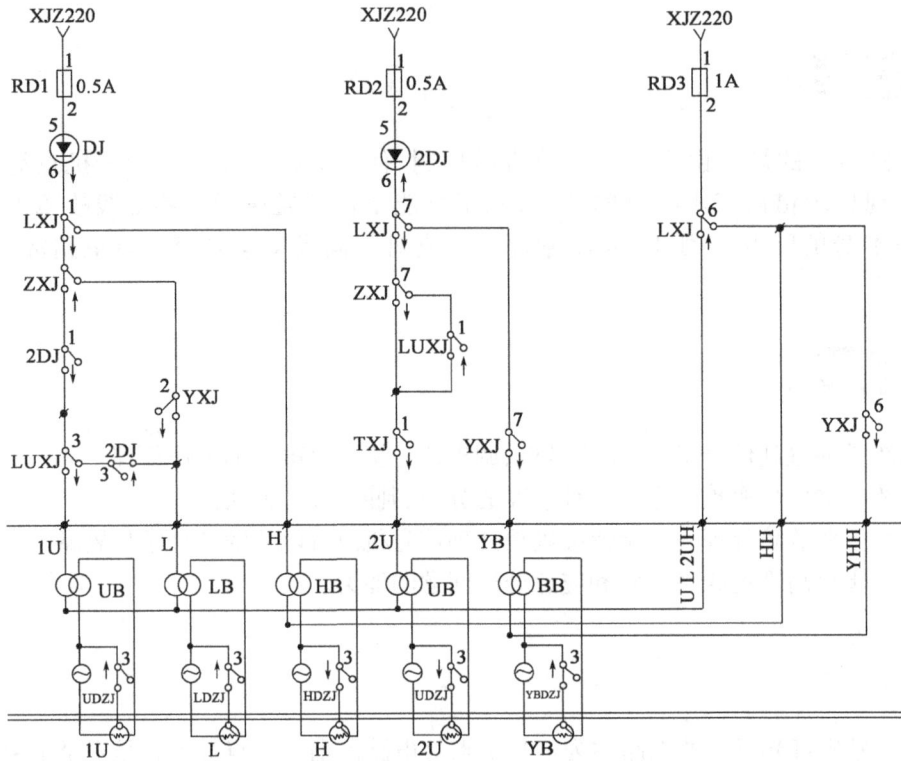

图3-10 进站信号机点灯电路

进站信号机因故不能开放允许信号时，需要开放引导信号，即点亮红灯的同时点亮月白灯，红灯电路与平时一样，月白灯电路为：

XJZ220—RD3—2DJ5-6—LXJF71-72—YXJ71-72—YB外线—YB11-12—YBH外线—YXJ62-61—LXJ62-61—RD2—XJZ220。

电气集中采用集中供电方式，由室内供出220V交流电源至信号机BX1-34型信号变压器，降压至13～14V后点亮信号灯泡。这样的供电方式可降低线路压降，使控制距离较远。

信号机点灯电路直接控制允许信号显示，是指挥列车运行的重要电路，要求在允许信号灭灯时自动改点禁止信号，在红灯灭灯时禁止开放允许信号。因此，在每个信号灯泡上都串接有灯丝继电器DJ，用以监督灯丝的完整，实现信号开放检查的联锁条件。信号机点灯电路断线会导致信号灭灯，而信号机点灯电路外线（电缆和接线箱、盒的端子）混线和混电，将会引起信号错乱显示。对于混线，信号机点灯电路采用位置法进行防护；对于外界混电，信号机点灯电路采用供电双断法，以防止混入电源形成回路使信号机错误点灯，防止信号出现错乱显示，实现信号开放检查的联锁条件。灭灯对信号机来讲是不允许的，因此信号灯泡一般采用双灯丝灯泡，并在双灯丝的主灯丝上串接有灯丝转换继电器DZJ（交流灯丝转换继电器）。主灯丝断线时，通过其后接点自动将副灯丝接在电路中，以保持信号灯泡持续亮灯。为了能及时发现主灯丝已烧断的信号灯泡，设有主灯断丝报警电路，此电路仅设在重要的列车信号机上。

## 任务实施

### 任务3-2 信号机点灯电路故障处理实训工单

| 班级及小组编号 | | 成员姓名 | |
|---|---|---|---|
| **任务描述** | | **预期目标** | |
| 任务名称 | 信号机点灯电路故障处理 | 能够根据控制台现象和测试结果判断信号机点灯电路的故障。<br>能够迅速处理信号机点灯电路室内、外各种常见故障。<br>掌握信号机故障查询方法,能够利用万用表等工具判断信号机的故障范围。 | |
| 任务编号 | 3-2 | | |
| 任务类型 | 理实一体 | | |
| 实训内容 | (1)与车控室联系并询问故障现象。<br>(2)根据故障现象判断行车影响范围。<br>(3)填写故障处理登记。<br>(4)故障处理。<br> a. 判断到底是室内故障还是室外故障,缩小故障范围。室内故障,根据信号机点灯电路图查找故障;室外故障,根据室外配线图查找故障。<br> b. 故障排除。<br>(5)故障处理完成后进行销记。<br>(6)根据故障现象及故障处理经过,进行故障原因分析。<br>(7)根据故障原因,作出故障总结,避免同类故障再次出现。 | | |
| 实训方法 | 若信号机未开放,控制台信号复示器闪光且发生灯丝断丝报警时,说明禁止信号点灯电路故障。信号机点灯电路涉及室内、外,因此,首先要区分故障点在室内还是在室外。<br>在分线盘上测量故障信号机外线,以调车信号机蓝灯为例,需测量 A 和 BAH 线。如果有交流电压220V,则说明室外发生断线故障;如果没有交流电压220V,可初步确定为室内故障。再观察组合侧面的相应熔断器是否熔断。若熔断器完好,则可判断分线盘至组合内部断路;若熔断器熔断且更换以后立即熔断,说明是短路故障。对于短路故障,需再次判断故障点在室外还是室内,在分线盘上拆下一根故障回线,再加熔断器,若没有熔断,则分线盘至信号机短路,若再次熔断,则分线盘至组合内部短路。 | | |
| **信号机点灯电路接通公式** | | | |
| 如下图所示,在CTXJ励磁电路中 X LXJF21-22 和 X Ⅰ LXJF51-52 表示 | | | |
| 如下图所示,在CTXJ励磁电路中 FBJF11-12 表示 | | | |

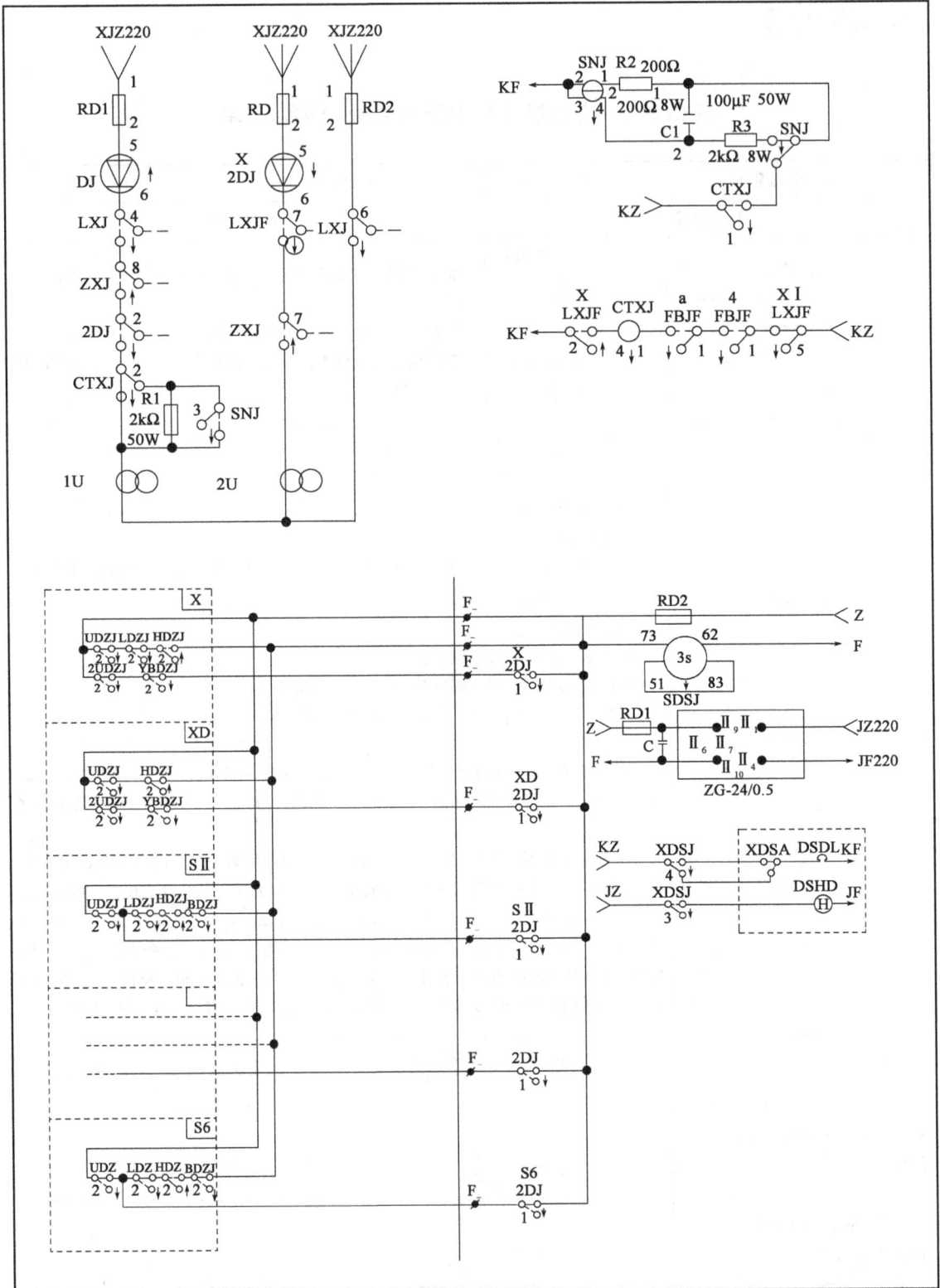

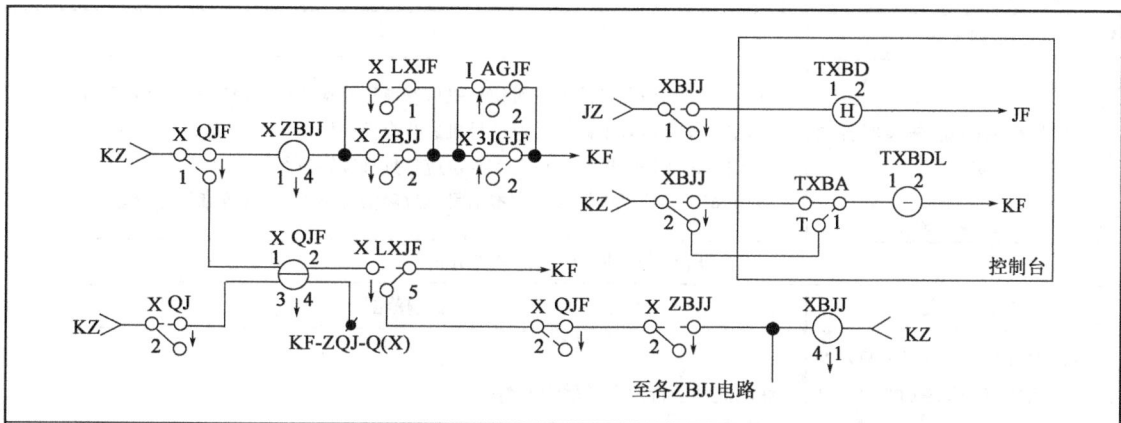

| 常见故障判断 | |
|---|---|
| 故障现象 | 故障原因 |
| 信号复示器平时正常,当排列进路开放调车信号时,复示器闪一下白灯又灭 | |
| 调车信号不能正常开放,复示器白灯一直闪光 | |
| 调车信号正常开放,复示器显示正常,不再闪光 | |
| 几架信号机的复示器同时闪光或有轨道区段的故障显示红光带点亮(此现象不是信号机点灯电路故障) | |

| 案例分析 | |
|---|---|
| 信号机点灯电路配线松动故障分析 | |
| 故障现象 | 影响范围 |
| 调度室单元控制台D102信号机闪烁 | D102防护区段无法进行调车作业 |

| 故障处理经过 |
|---|
| (1)17:01,车场信号维修人员接到车场调度人员报该车场单元控制台D102信号机闪烁。 |
| (2)17:05,信号维修人员赶到信号楼询问车场调度人员故障现象并进行登记,登记后到信号设备室测试D102信号机室内分线柜电压为110V,电流为0mA。 |
| (3)17:20,信号维修人员经请示上级领导同意,在室内分线盘处连接应急灯盘,临时排除故障。 |
| (4)17:30,信号维修人员在故障排除后进行销记。 |
| (5)次日凌晨1:45,车场调度人员下达检修调度命令,信号维修人员前往D102信号机处进行检修。首先测试一次侧电压为110V,二次侧电压为0V,经检查为变压器二次侧线缆松动,造成接触不良,无法供应LED发光盘电压,经恢复松动电缆后,设备恢复正常。同时室内测试分线盘电压为110V,电流为121mA,电压及电流都处于稳定状态,故障排除。 |
| (6)次日凌晨2:30,信号维修人员恢复现场完毕,向车场调度人员汇报并进行销记作业。 |

| 故障原因 | 故障总结 |
|---|---|
| 日常检修不彻底,未及时拧紧发生松动的电缆 | (1)组织车场信号维修人员对信号机检修流程及检修作业内容进行全面学习。<br>(2)组织车场信号维修人员对信号机进行全面检修。<br>(3)组织车场信号维修人员对信号机应急处理预案进行学习。<br>(4)组织车场信号维修人员模拟信号机故障演练培训,提升故障处理能力。 |

| 出站信号机红灯闪烁故障分析 | |
|---|---|
| 故障现象 | 影响范围 |
| 行调控制中心显示屏上显示某站上行出站信号机S0502出现红灯闪烁 | 影响此站上行发车及后续进路排列。 |

| 故障处理经过 |
|---|
| (1)10:56,信号维修人员接到行车调度人员报某站出站信号机S0502红灯闪烁。<br>(2)11:01,信号维修人员联系行车调度人员及车站值班员询问故障现象并进行登记,登记后到信号设备室将分线盘上S0502点连接端子断开,测试室内电源是否送出,通过测试确定是室内还是室外故障。<br>(3)11:14,经测试,室内电源未送出;经查找,故障点为地点器组合架S0502信号机断路器底座接触不良,信号维修人员将断路器插紧后,故障排除。<br>(4)11:16,信号维修人员在故障排除后向行车调度中心汇报并进行销记。 |

| 故障原因 | 故障总结 |
|---|---|
| 日常巡检过程中,未及时发现断路器底座有松动,未及时排除故障 | (1)组织信号维修人员对信号机巡检流程及检修作业内容进行全面学习。<br>(2)巡检须做好故障信息的记录,并以此作为分析资料,尽可能准确地判断故障原因。<br>(3)加强工班信号维修人员对设备回放记录查看操作培训。<br>(4)组织车场信号维修人员模拟信号机故障演练培训,提升故障处理能力。 |

| 学习效果评价 | | |
|---|---|---|
| 评价指标 | 自我评价 | 教师评价 |
| 1. 知识学习效果 | | |
| 2. 能力目标达成度 | | |
| 3. 素质提升效果 | | |
| 本任务最终评价: | | |
| 　<br>　<br>　<br>　<br>　<br>教师签名:　　　　年　　月　　日 | | |
| 注:1. 自我评价、教师评价和最终评价均采用等级表示,填写优、良、中、及格和不及格。<br>　　2. 最终评价作为本课程总评价内容之一。 | | |

# 项目 4  6502电气集中设备维护

## 项目描述

6502电气集中是一套功能完备、性能可靠、运行安全稳定的联锁控制系统。通过本项目的学习和训练,学生应熟练掌握电气集中联锁系统设备的组成、操作方法,掌握电气集中系统应该检查的联锁条件,以及如何通过继电控制电路实现对各种联锁条件的检查,并掌握6502电气集中设备的维护方法。

## 项目要求

1. 根据车站信号平面布置图,掌握各种联锁设备和信号设备的性能,能进行日常维护和故障处理。

2. 能够按照6502电气集中联锁设备的操作方法,正确地进行设备的各种操作和分析故障操作。

3. 根据《铁路技术管理规程(普速铁路部分)》要求操作,对各种加封按钮进行加封,并做好登记。

## 项目目标

| 知识目标 | 熟练掌握电气集中车站联锁设备的组成及6502电气集中系统的操作方法。 |
|---|---|
| 技能目标 | 掌握6502电气集中设备的基本性能和维护方法。 |
| 素养目标 | 1. 理解通过继电电路检查各种联锁条件的方法,进而深刻理解各种联锁关系对车站作业安全的保障作用。<br>2. 培养严谨的逻辑思维,树立严肃的安全意识和严谨的工作作风。 |

## 实施载体

电气集中车站的信号设备分室外和室内两部分,电气集中联锁车站和计算机联锁车站室外设备相同,主要有色灯信号机、电动(电液)转辙机、轨道电路和电缆线路。室外色灯信号机的用途是给出各种信号显示,目前广泛应用的设备是透镜式色灯信号机。电动转辙机的用途是转换和锁闭道岔,监督道岔位置,应用较多的转辙机型号为内锁闭方式的ZD6直流电动转辙机。在提速区段,正线道岔大多使用钩式外锁闭方式,由 S700K 型三相交流电动转辙机或 ZYJ7 型电液转辙机牵引。轨道电路用来监督线路是否完整、检查区段是否空闲,在非电气化区段一般采用工频交流连续式 480 型轨道电路,在电气化区段采用 25Hz 相敏轨道电路。室内与室外信号设备之间采用各种信号电缆作为控制线路。

# 任务 4-1　选择组电路及维护

## 任务描述

选择组电路的主要任务是根据值班员的操纵意图选出进路,并保证按照选路意图将有关道岔转换到规定位置,即排通进路、校核进路的选排一致。其主要由记录电路[包括方向继电器、按钮继电器(AJ)、辅助开始继电器(FKJ)和终端继电器(ZJ)电路]、选岔电路和开始继电器 KJ 电路等组成。

## 任务目标

1. 掌握 6502 电气集中电路的基本组成和基本功能。
2. 分析处理 6502 电气集中设备的常见故障。

## 任务指导

### 一、方向继电器电路

方向继电器的作用是记录进路按钮的按压顺序,确定进路的运行方向和性质。进路的运行方向分接车方向(站外向站内)和发车方向(站内向站外)两种;进路的性质分列车进路和调车进路两类。因此,一个咽喉区设有 4 个方向继电器来完成上述两项任务,分别是:列车接车方向继电器(LJJ);列车发车方向继电器(LFJ);调车接车方向继电器(DJJ);调车发车方向继电器(DFJ)。方向继电器电路如图 4-1 所示。

方向继电器
电路

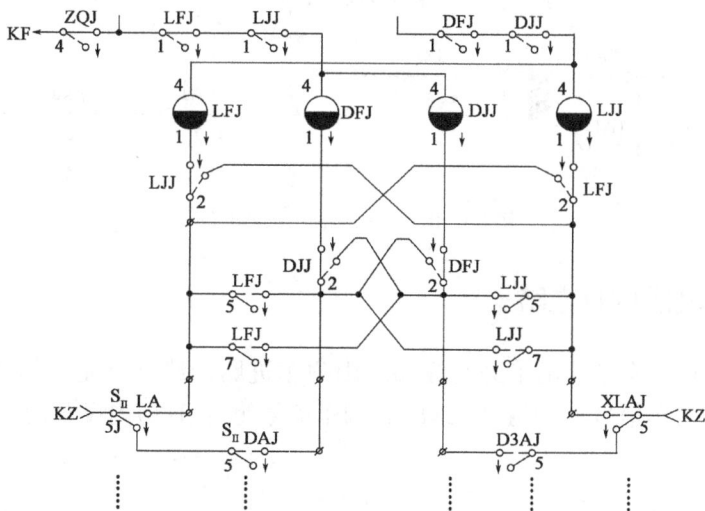

图 4-1　方向继电器电路

## 二、按钮继电器(AJ)电路

AJ电路如图4-2所示。

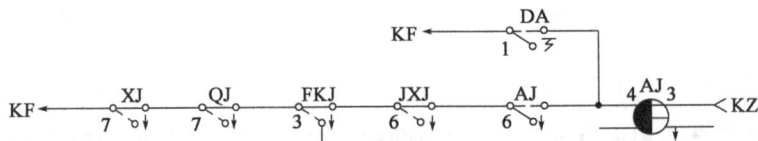

按钮继电器
电路

图4-2 AJ电路

## 三、辅助开始继电器(FKJ)电路

进路选出后,记录电路立即复原,但这时道岔还没有转完,进路还没有锁闭,信号也没有开放,即还没有最终达到选路的目的。因此,每一进路始端要用FKJ接续记录进路始端。此外,信号开放后,若因故关闭,用FKJ可防止自动重复开放信号。调车信号辅助组合(DXF)至灯丝继电器(DJ)方向继电器电路如图4-3所示。

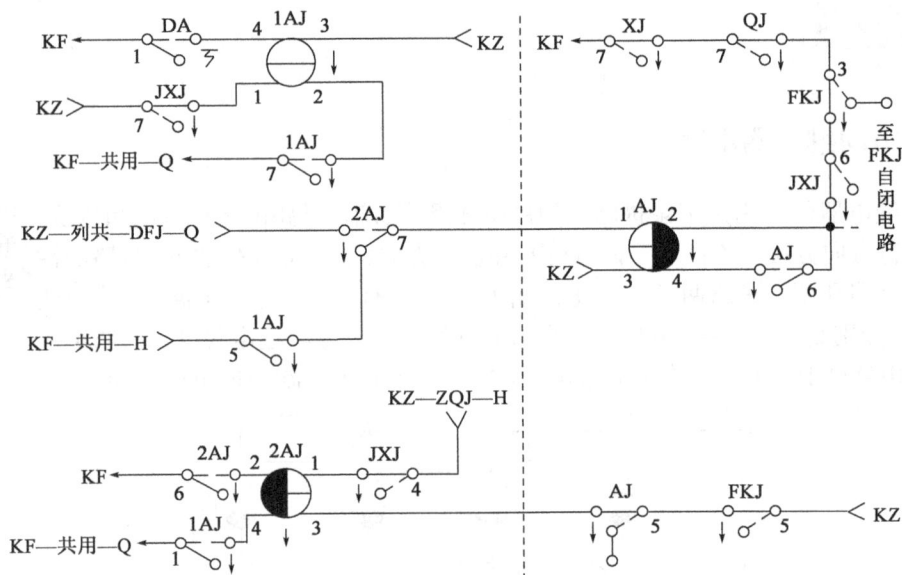

图4-3 DXF至DJ方向继电器电路

## 四、终端继电器(ZJ)电路

设置ZJ是为了接续记录调车进路终端。因列车进路的终端就是网络线的末端。因此,一般不设ZJ,只在列车信号辅助组合(LXF)和调车信号组合(DX)内设置记录调车进路终端用的ZJ。

### 五、开始继电器(KJ)电路

尽管有FKJ接续记录进路的始端,但是信号开放后,为防止信号自动重复开放,FKJ必须及时落下。而在进路解锁之前必须始终记录进路的始端,以保证后续电路的可靠工作。因此,用KJ接续FKJ继续记录进路始端。此外,KJ还有另外一个任务,就是防止进路的开通状态与值班员的选路意图不符,要通过KJ检查选排进路的一致性。后续电路中,将用KJ和ZJ的接点作为进路始终端的区分条件。与FKJ相同,每条列调进路的始端都要设有一个KJ。对于列车兼调车信号点可共用一个KJ,其他调车信号点则各设一个KJ。KJ与FKJ一起放在列车信号主组合(LXZ)或DX内。

### 六、选择组表示灯电路

选择组表示灯电路包括进路排列表示灯电路和进路按钮表示灯电路。

选择组表示灯
电路

### 七、控制台表示的意义

控制台表示的意义如下:

(1)按下始端按钮,对应的按钮表示灯(AD)闪光,说明AJ吸起。

(2)进路排列表示灯(LPD)亮灯,说明方向继电器已吸起。

(3)按下终端按钮,AD闪光,说明AJ吸起。

(4)中间信号点AD闪光,说明选岔电路动作,中间信号点进路选择继电器(JXJ)吸起。

(5)始端AD亮稳定灯光,说明FKJ吸起。

(6)LPD灭灯,说明AJ、方向继电器、JXJ均复原,选岔电路动作正常。

(7)道岔表示灯(DBD或FBD)的表示与进路要求的道岔位置相符,说明道岔已转换完毕,进路排通。

## 任务实施

### 任务4-1　选择组电路及维护实训工单

| 班级及小组编号 | | 成员姓名 | |
|---|---|---|---|
| 任务描述 | | 预期目标 | |
| 任务名称 | 选择组电路及维护 | 掌握6502电气集中选择组电路各种常见故障的分析处理方法,在设备日常运行的过程中,发现设备动作异常时,根据控制台现象准确判断设备故障点,按照相关技术要求,迅速处理进路选排电路的各种故障,保证电路正常动作。 | |
| 任务编号 | 4-1 | | |
| 任务类型 | 理实一体 | | |

1. 看图,查阅资料,回答相关问题。

| 属于选择组电路中的哪种电路? | |
| --- | --- |
| 电路的接通公式 | |

| 属于选择组电路中的哪种电路? | |
| --- | --- |
| 电路的接通公式 | |

续上表

2. 填写主要电路继电器的作用、设置、所在组合及电路动作时机。

| 序号 | 继电器名称 | 作用 | 设置 | 所在组合 | 电路动作时机 | |
|---|---|---|---|---|---|---|
| | | | | | 吸起时机 | 落下时机 |
| 1 | 方向继电器 | | | | | |
| 2 | AJ | | | | | |
| 3 | DCJ、FCJ | | | | | |
| 4 | JXJ | | | | | |
| 5 | FKJ | | | | | |
| 6 | LKJ | | | | | |
| 7 | ZJ | | | | | |
| 8 | DBJ、FBJ | | | | | |
| 9 | KJ | | | | | |
| 10 | QJ | | | | | |
| 11 | XJJ | | | | | |
| 12 | QJJ | | | | | |
| 13 | GJJ | | | | | |
| 14 | JYJ | | | | | |
| 15 | ZCJ | | | | | |
| 16 | FDGJ | | | | | |
| 17 | LXJ、DXJ | | | | | |
| 18 | SJ | | | | | |
| 19 | CJ | | | | | |
| 20 | 1LJ、2LJ | | | | | |

**案例分析**

某次旅客列车按正常显示的通过信号(以45km/h的速度)从××站2道通过。15:05,车站人员为了进行8338号调车由牵出线越过正线(经1/3号道岔反位)去5G作业,在该次列车未出清1/3号道岔所在轨道区段的情况下,违章预先排列了调车进路。由于此前电务施工时,将1/3号双动道岔1SJ和2SJ的81、82接点用导线封连,设备开通时,该封连线未能及时拆除,使道岔锁闭失效,因而1/3号道岔由定位转向反位,导致该次列车机后5位及5位之后车辆经1号道岔反位向停有调车的牵出线走行,造成该次列车机后5~10位车辆脱轨,并与停留在牵出线的调机发生侧面冲突,调机脱轨,构成行车重大事故。

| 析上述事故的原因: |
| :--- |
| |

| 学习效果评价 | | |
| :--- | :--- | :--- |
| 评价指标 | 自我评价 | 教师评价 |
| 1. 知识学习效果 | | |
| 2. 能力目标达成度 | | |
| 3. 素质提升效果 | | |
| 本任务最终评价: <br><br><br><br><br><br><br><br><br><br> 教师签名:　　　　年　　月　　日 | | |
| 注:1. 自我评价、教师评价和最终评价均采用等级表示,填写优、良、中、及格和不及格。<br>　　2. 最终评价作为本课程总评价内容之一。 | | |

# 任务4-2    执行组电路及维护

## 任务描述

根据电气集中联锁执行组进路的各项技术条件及电路实现方法,6502电气集中执行组电路的基本结构、基本功能、基本动作以及《铁路技术管理规程(普速铁路部分)》和《普速铁路信号维护规则  技术标准》,在日常检修时,应认真检查进路锁闭、信号开放、进路解锁的各项联锁条件,保证联锁关系。

## 任务目标

1. 掌握6502电气集中执行组电路各种常见故障的分析和处理方法。

2. 在设备日常运行的过程中,发现进路不能锁闭、信号不能开放、进路不能解锁等设备动作异常时,能通过控制台操作试验,划定故障范围,能按照相关技术要求,通过测试查找,准确确定故障点,并迅速处理执行组电路各种故障,保证设备正常使用。

## 任务指导

### 一、取消继电器电路

#### 1. 进路锁闭的概念

进路锁闭是将进路上的道岔和敌对进路锁闭。列车驶入进路后,即使信号已经关闭,如果列车未出清进路(或道岔区段),进路也不许解锁,这种锁闭功能称为进路锁闭。进路锁闭分预先锁闭和接近锁闭(完全锁闭)两种状态,具体操作为:①进路的预先锁闭和取消解锁。②进路的接近锁闭和人工解锁。

#### 2. 总取消继电器(ZQJ)电路和总人工解锁继电器(ZRJ)电路

在每个咽喉区,设置一个ZQJ和一个ZRJ。这两个继电器都设置在方向组合中,前者取消进路锁闭时用,后者人工解锁时用。ZQJ和ZRJ电路如图4-4所示。

#### 3. 取消继电器(QJ)电路

每一个信号点,都对应设有一个QJ,列车兼调车信号点可以合用一个QJ。QJ的作用是将已经发出的命令取消。例如,取消已经排列好的列车或调车进路,取消误碰一下按钮的记录等。

取消继电器
电路

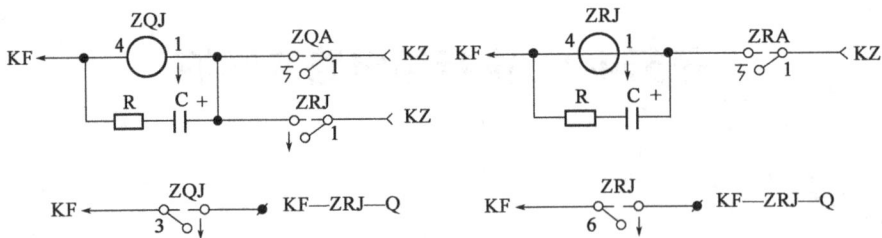

图4-4　ZQJ和ZRJ电路

## 二、信号检查继电器(XJJ)电路

进路排列完毕,道岔转换到规定的位置使KJ吸起后,在信号开放之前,应预先检查开放信号的基本联锁条件,即道岔位置正确、进路空闲、敌对进路未建立。具备这些基本的条件,即具备了开放信号的可能性,才能锁闭进路,开放信号。设置XJJ就是为了完成这一任务。另外,在进路锁闭后,若要取消进路,办理取消解锁或人工解锁,则用XJJ检查进路空闲,以防止列车或车列驶入进路以后,还能使进路解锁。与KJ对应,每一信号点应设置一个XJJ,列车兼调车信号点共用一个XJJ。XJJ电路包括8线网络和局部电路两部分。

为了检查开放信号的基本联锁条件,采用8线网络控制XJJ。每一进路始端由KJ第一组接点,把该信号点XJJ的3-4线圈接在8线网络上。XJJ线圈端子3通过局部电路,接向正极性电源(KZ);线圈端子4经由KJ前接点,通过网络在其进路终端部位,接向负极性电源(KF)。因为调车进路的终端有时在咽喉中间,所以,调车进路时,终端部位通过ZJ前接点接向KF。

## 三、区段检查继电器(QJJ)电路和股道检查继电器(GJJ)电路

QJJ是为锁闭进路做准备用的,而GJJ是为锁闭另一咽喉区的迎面敌对进路做准备用的。6502电气集中采用分段解锁制,分段解锁的对象是进路中的各个道岔区段,所以锁闭的对象也是进路中的各个道岔区段。对于有列车进路经过的咽喉区差置信号机之间的无岔区段,在经其建立列车进路时,与道岔区段相似。因此,对应每个道岔区段或有列车进路经过的咽喉区差置信号机之间的无岔区段设置1个QJJ,即设置在Q组合内,以便根据所排列的进路,有选择地做好锁闭准备。GJJ要根据能够接车的股道设置,即设置在信号辅助组合内,与后面介绍的照查继电器(ZCJ)对应设置。双向运行的接发车口,进站信号机也选用列车信号第一辅助组合(1LXF)。由于上述两个继电器都设置在信号辅助组合内,因此,在对应的每一进站信号机也设置有GJJ和ZCJ,但它们不是用来锁闭对方咽喉区敌对进路的,而是用于反映是否向该进路口排列了发车或调车进路。

## 四、照查继电器(ZCJ)电路和接近预告继电器(JYJ)电路

### 1. 照查继电器(ZCJ)电路

ZCJ是为锁闭另一咽喉区的迎面敌对进路而使用的,对应每一接车股道的上行咽喉区和

下行咽喉区各设置一个ZCJ。双向运行的接发车口进站信号点也设置一个ZCJ,ZCJ置于列车信号辅助组合内。

**2. 接近预告继电器(JYJ)电路**

设置JYJ的作用是反映进路的预先锁闭或接近锁闭状态,即在信号开放后,用来监督接近区段有车还是无车。为了实现这一目的,每一个信号点设置一个JYJ,列车兼调车信号点合用一个JYJ。

## 五、信号继电器(XJ)电路

XJ电路因为要检查道岔位置及其受锁闭情况,涉及各道岔,所以采用站场形网络,11线即XJ网络线。因为进站信号机、出站信号机、调车信号机的信号显示不同,列车信号机与调车信号机自动关闭信号的时机也不同,所以它们的局部电路也各不相同。

**任务实施**

### 任务4-2　执行组电路维护和故障排查实训工单

| 班级及小组编号 | | 成员姓名 | |
|---|---|---|---|
| 任务描述 | | 预期目标 | |
| 任务名称 | 执行组电路维护和故障排查 | 熟练掌握执行组电路维护和故障排查方法。 | |
| 任务编号 | 4-2 | | |
| 任务类型 | 理实一体 | | |

1. 简述执行组电路维护和故障排查步骤。

2. 写出下图电路的接通公式。

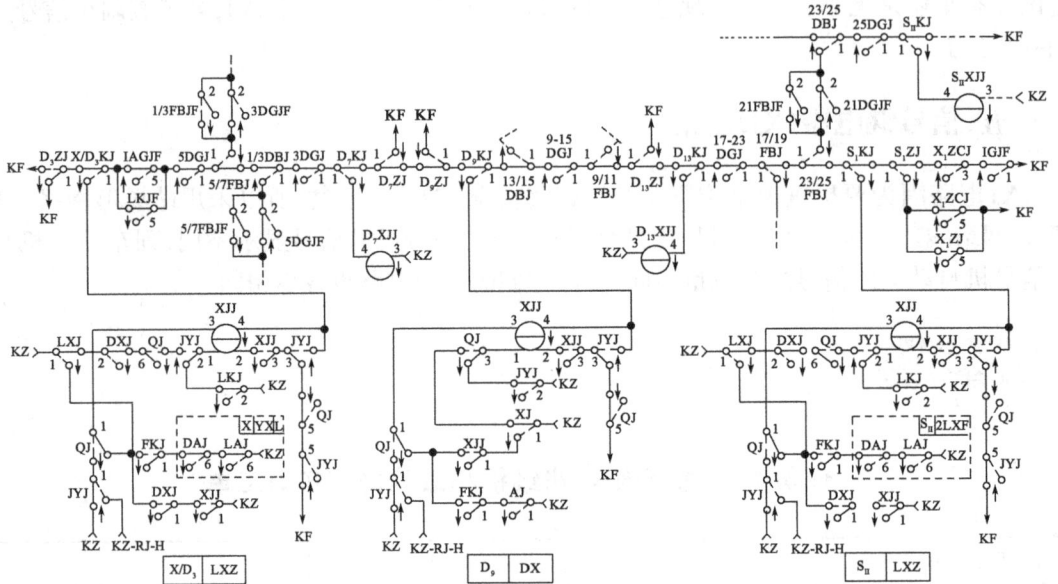

3. 写出上图用到的继电器。

4. 写出下图电路的接通公式。

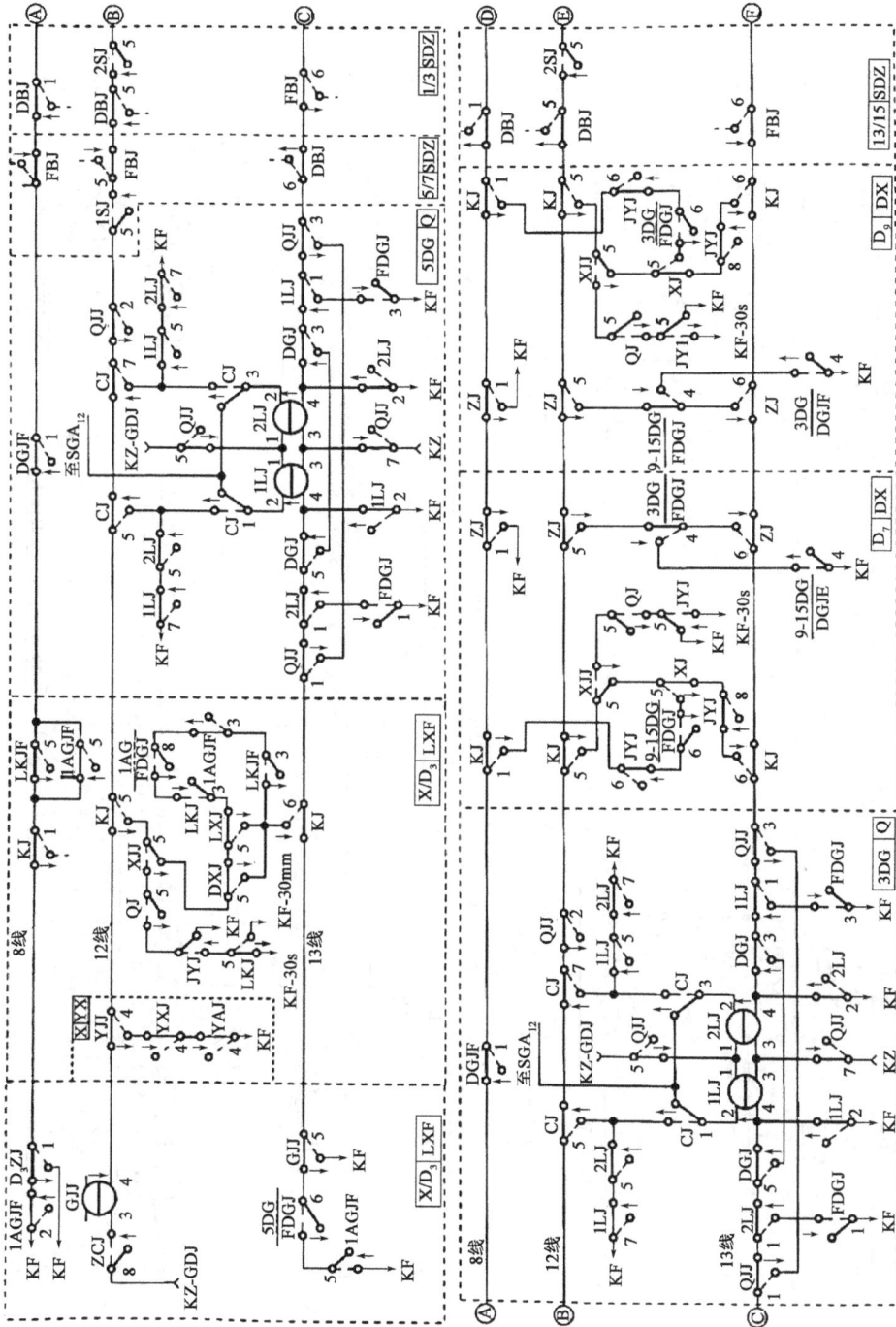

续上表

| |
|---|
| 5. 写出上图用到的继电器。 |
| 6. 写出下图电路的接通公式。 |

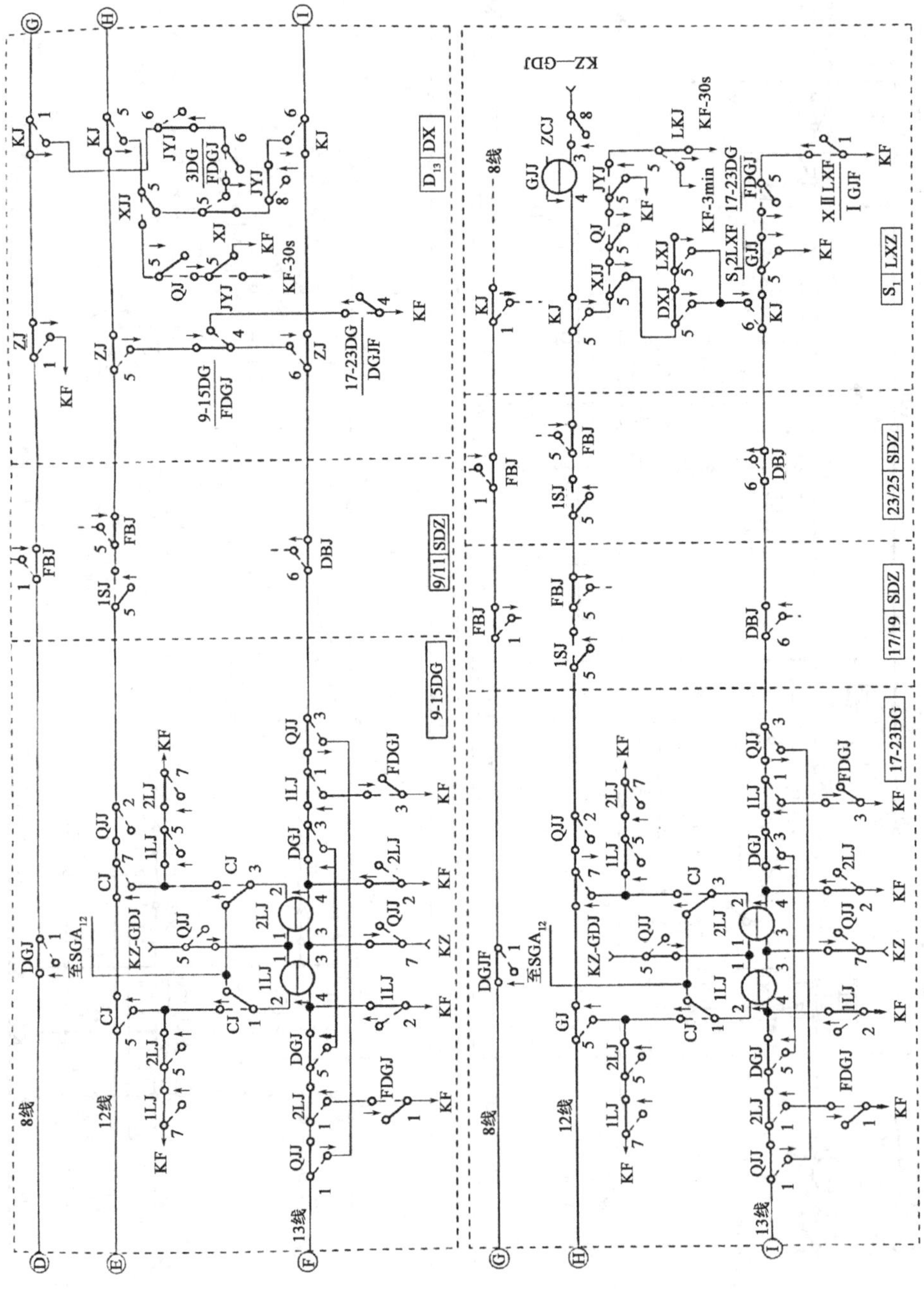

| 案例分析 |
|---|

传递继电器电路

进路继电器电路

　　某车站由于此前信号工处理下行无岔区段（XWG）轨距杆绝缘不良故障时未找出故障点，而将无岔区段XWG JF线圈1与相邻的下行道岔区段（1-3DG）的DGJF线圈1封连，导致在3109次货物列车尾部三辆未越过警冲标的情况下，控制台显示下行道岔区段出清。此时车站办理146次旅客列车上行ⅡG通过进路，S和SI信号机开放，致使146次旅客列车在1-3DG道岔区段运行时与3109次货物列车尾部发生侧面冲突；146次本务机车及机后1～6位车体小破，钢轨报废86m，中断正线行车1h 28min。

| 分析上述事故原因： |
|---|

| 学习效果评价 | | |
|---|---|---|
| 评价指标 | 自我评价 | 教师评价 |
| 1. 知识学习效果 | | |
| 2. 能力目标达成度 | | |
| 3. 素质提升效果 | | |

本任务最终评价：

教师签名：　　　　　　　年　　月　　日

注：1. 自我评价、教师评价和最终评价均采用等级表示，填写优、良、中、及格和不及格。
　　2. 最终评价作为本课程总评价内容之一。

# 项目 5　计算机联锁设备维护

## 项目描述

　　本项目以 JD-1A 和 EI32-JD 型计算机联锁系统为学习载体,进行车站行车作业及报警等特殊操作的办理,培养学生安全操纵计算机联锁系统的能力;按照程序进行联锁系统开关机、主/备机切换及故障处理,利用电务维修机测试数据并根据报警信息和指示灯的显示判断系统运行状态及一般故障;进行设备的日常维护、故障判断与处理。

## 项目要求

　　了解计算机联锁设备运行原理,并能根据所学知识对系统常见的故障进行辨别和排除,从而保证整个联锁系统的良好运行。

## 项目目标

| 知识 | 1. 掌握计算机联锁系统的基本原理。<br>2. 掌握计算机联锁系统硬件的基本结构和信息传输过程。 |
|---|---|
| 技能 | 1. 掌握计算机联锁系统硬件的体系结构。<br>2. 掌握计算机联锁系统的基本功能和基本特点。 |
| 素养 | 1. 深刻理解可靠性、安全性的概念,加强"安全第一"的观念。<br>2. 提高应用信息化技术手段解决铁路信号产生的实际问题的能力。 |

## 实施载体

　　本项目以 JD-1A 和 EI32-JD 型计算机联锁系统为学习内容的实施载体,通过对两系统硬件和软件层面的认识,和对其联锁机制的学习,以及对两系统分别进行故障判别和故障排除,保障整个联锁系统处于良好的运行状态。

# 任务5-1 计算机联锁系统基础知识概述

## 任务描述

作为本项目的第一部分内容,本任务主要概述计算机联锁系统的基本原理和基本功能,是后续认知和维修实践的基础。

## 任务目标

1. 掌握计算机联锁系统的基本原理。
2. 掌握计算机联锁系统的基本功能。

## 任务指导

通过了解计算机联锁系统中信息的输入、输出过程,掌握计算机联锁系统的基本原理,认识其基本功能。

### 一、基本原理

计算机联锁系统控制基本原理如图5-1所示,可知计算机联锁系统控制主要有信息输入、联锁运算和信息输出三个环节。计算机系统一方面通过操作输入通道和接口接收由操作设备(控制台)产生的操作信息,另一方面通过状态输入通道和接口采集室外信号设备的状态信息,将上述两种开关量的动作变换为二进制代码,送入计算机系统。信息代码进入计算机系统以后,计算机系统按照联锁程序的要求对输入的信息进行分析处理和复杂的逻辑运算(这里称为联锁运算),其结果形成对信号设备的控制信息和各种表示信息。控制信息通过输出通道和接口控制道岔转换和信号变换显示;表示信息则通过表示输出通道和接口控制显示器的显示。

### 二、基本功能

随着现代计算机控制技术的发展,计算机联锁系统的功能已大幅超越继电联锁设备,许多功能是继电联锁无法实现的。

#### 1. 联锁控制功能

计算机联锁系统具有电气集中联锁设备的全部控制功能,包括:对进路的控制,能够实现进路的自动选排、锁闭及解锁;对信号的控制,能够实现信号的自动开放、关闭及防止信号因故关闭后的自动重复开放。

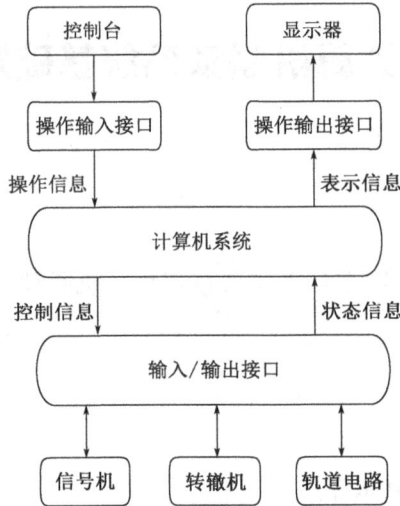

DS6-K5B 型
计算机联锁系统

TYJL-Ⅱ型计算机
联锁系统

图5-1　计算机联锁系统控制基本原理图

### 2. 显示功能

采用大屏幕的计算机联锁系统能够提供非常直观、清晰、形象的各种显示信息。

站形显示：在显示器上，平时用蓝色的线条显示出车站的站形；当道岔位置改变时，显示器上的道岔开通方向会随之改变；进路锁闭时，相关的线条颜色变为白色；有车占用时，变为红色。

现场信号设备状态显示：显示器上不但能清晰地显示道岔的位置，还能显示轨道区段间和信号机的各种状态。

按钮操作提示：值班员按下某按钮后，在显示器上有相应的提示，以确认操作动作是否正确。

### 3. 记录储存和故障诊断功能

计算机联锁系统最突出的优点是储存容量大，具有较强的记忆功能，既能实时显示当前的信息，也能提供历史信息。

自动记录功能：计算机联锁系统能够随时自动记录值班员的操作、现场信号设备的动作、车列的运行情况。上述所有信息均保存不少于48h或一个月（甚至更长的时间），需要查询设备的动作或分析系统的故障时，可随时调取记忆期限内任意时刻的各种信息。

提供图像作业再现功能：计算机联锁系统不但能保存信息，而且可以将记忆期限内任一时间的作业情况再现。根据需要可以选择快进、步进和正常三种再现速度。

集中监测报警功能：计算机联锁系统一方面能够自动监测系统自身运行的状况，另一方面在室外信号机、道岔或轨道电路信号设备发生故障或参数异常时能及时给出报警提示，以便及时处理。

### 4. 结合功能

计算机联锁系统能直接与调度集中、微机监测、列车运行控制等远程自动化系统进行数据交换和信息传送，因此可以灵活地与其他系统结合，实现多网合一，节省设备。

# 任务实施

## 任务 5-1 计算机联锁系统基本原理和基本功能实训工单

| 班级及小组编号 | | 成员姓名 | |
|---|---|---|---|
| 任务描述 | | 预期目标 | |
| 任务名称 | 计算机联锁系统基本原理和基本功能 | 能力目标:掌握计算机联锁系统基本原理和基本功能。 素质目标:具有求知欲和刻苦学习、钻研的精神,能举一反三,具备归纳总结能力。 | |
| 任务编号 | 5-1 | | |
| 任务类型 | 理论 | | |
| 1. 对照计算机联锁系统控制基本原理图描述计算机联锁系统控制基本原理。 | | | |
| 2. 列举计算机联锁系统基本功能及其详细内容。 | | | |
| 学习效果评价 | | | |
| 评价指标 | 自我评价 | | 教师评价 |
| 1. 知识学习效果 | | | |
| 2. 能力目标达成度 | | | |
| 3. 素质提升效果 | | | |
| 本任务最终评价: | | | |
| 教师签名: 年 月 日 | | | |
| 注:1. 自我评价、教师评价和最终评价均采用等级表示,填写优、良、中、及格和不及格。 2. 最终评价作为本课程总评价内容之一。 | | | |

# 任务 5-2 计算机联锁系统的软硬件设备

## 任务描述

计算机联锁系统的运行离不开设备的支持，其运行基于完备的计算机硬件设备和功能全面的软件系统。本任务旨在学习并掌握计算机联锁系统的软件和硬件设备。

## 任务目标

1. 掌握全面的计算机联锁系统的硬件设备。
2. 掌握计算机联锁系统软件及其全部功能。

## 任务指导

在硬件层面，首先了解计算机联锁系统所用的计算机和计算机联锁系统的体系结构，然后重点认识计算机联锁系统的冗余结构；在软件层面，在了解计算机联锁系统软件的功能和任务划分的基础上，重点掌握软件的总体结构和人机对话机软件。

### 一、计算机联锁系统所用的计算机系统

#### 1. 计算机实时控制系统

计算机联锁系统是计算机实时控制系统的一个实例，实时控制系统是能在限定的时间内对外来事件作出响应的系统，即如果一个计算机系统需要在确切的时间内从外部环境接收数据，并返回数据，或进行一些其他处理，那么这个系统就是一个计算机实时控制系统。

计算机实时控制系统要求采用实时工业控制计算机（简称工控机）。工控机的主要特点有：

（1）实时性强。

实时性是系统具有的在限定时间内对外来事件作出响应的特性，即在周期性巡检所有事件的同时，也能随时响应中断请求。

（2）具有充分的过程输入和控制输出能力。

具有完善的输入/输出设备和外部设备，以直接从现场采集各种信号，对这些信号变量进行处理，并将结果输出到执行机构。

（3）具有通信与联网能力。

当需要构成分布式系统时，具有便捷的通信能力与构建局域网的能力。

(4)高可靠性。

系统直接控制着工业过程。在工业环境中长时间连续地工作,如果没有相应的冗余措施,一旦计算机系统发生故障,将造成重大损失。

(5)可维护性。

系统故障会影响工业过程的正常操作,因此在系统设计时需考虑可维护性。可维护性还意味着系统的部分改变即可适应工业现场的变化,无须改变整个系统。

(6)标准化、系列化。

采用国家推荐的标准及优选机型,可提高成功的概率,求得较高的性价比。

(7)模块化。

组合化的设计方法,模块化的系统结构,可以大大减少二次开发的工作量,缩短开发周期,提高系统质量。

此外,工控机有方便的系统开发环境、良好的产品质量保障体系和服务保障体系。一般要求允许工作环境比较恶劣,如温度高、湿度大、冲击振动强等。

### 2. 工业控制计算机系统

一般来讲,普通的商用计算机不能用作工业控制计算机,主要原因在于:商用计算机在设计联锁上针对的是良好的工作环境,在整机的机械、防振动、耐冲击、防尘、耐高温、抗电磁干扰、抗电流浪涌、防化学腐蚀等方面没有采取特殊的措施,可靠性较差;商用计算机没有采用开放式的总线结构,也没有开发针对工业应用的数据采集及输出等输入/输出(I/O)接口模板——而这些是工业现场对所应用的计算机的基本要求。

为了弥补商用计算机在工业应用领域中的种种不足,多选用工控机。工控机是工业现场监测与控制用的微型计算机。这类计算机是依赖某种标准总线,按工业化标准设计的,由包括主机板在内的各种I/O接口功能模板组成的计算机。

## 二、计算机联锁系统硬件的体系结构

计算机联锁系统由于控制规模、功能完备程度、经济因素、技术实现及技术背景和历史背景的不同,有多种体系结构。各国的计算机联锁系统的体系结构不仅与技术和经济因素有关,还涉及运输组织、规章制度和历史背景。

就功能而言,计算机联锁系统要完成多项任务,如人机对话、联锁运算、现场设备的监控等,这些任务如果只由一台计算机来完成,不仅存在很多困难,而且费时。就控制规模而言,一台计算机所能控制的室外设备数量有限,一旦室外监控对象的数量超过了规定限度,就需用两台或多台计算机。就可靠性和故障安全性而言,计算机联锁系统必须采用冗余结构,这也意味着需要多台计算机。

由于上述原因,计算机联锁系统一般由多台计算机构成。若把每台计算机都看成系统的一个模块,则计算机联锁系统是多模块结构。多模块结构在设计、生产维护和扩展方面都具有优越性。计算机联锁系统大多采用多模块结构,但各计算机的功能及计算机之间的联系不尽相同。在多计算机系统中,将整个功能划分为若干相对独立的功能模块,分别由不同的计算机进行处理。根据功能的繁简,模块的划分不尽相同。这便于设计、修改和扩展,而且多个模块具有相对独立的并行处理性能,可提高整个系统的处理速度。

## 三、计算机联锁系统硬件的基本结构

不同型号的计算机联锁系统由于设计思路不同,所采用的硬件不完全相同。即便是同一型号的系统,由于控制的车站规模不同,所需的硬件数量也各不相同。但各种系统的基本功能和基本任务大致相同,因此,它们的硬件组成的基本形式差异不大。

计算机联锁系统主要由人机对话设备、联锁控制计算机系统(简称主机)、输入/输出通道与接口、继电器结合电路及其监控对象(信号机、道岔、轨道电路)等组成。其中,主机是计算机联锁系统的核心,负责完成所有信息的处理、接口管理及与外部设备的信息交换。由于计算机联锁系统接收和处理的信息很多,而且许多信息在时间上重叠,为了避免信息丢失,提高系统的运行速度,目前应用的各种型号的计算机联锁系统均采用多机系统,即将人机对话、联锁运算、系统监测等功能分配给不同的计算机处理。

## 四、计算机联锁系统的冗余结构

冗余结构是为了提高系统的可靠性、安全性而增加的结构。其中保证系统可靠性的冗余结构如图5-2所示,模块A和模块B经或门输出,两个模块只要有一个模块正常输出,即可保证整个系统不停机,从而提高系统工作的可靠性。在实际应用中,对安全性要求不高的应用,如处理人机对话信息的上位机,一般采用可靠性冗余结构。安全性冗余结构如图5-3所示,模块A和模块B经与门输出,两个模块同步工作,只有当两个模块输出一致时,才能保证整个系统不停机,只要有一个模块出现故障,系统将无法正常输出,这样提高了系统工作的安全性,降低了危险侧输出的风险。在实际应用中,对安全性要求较高的联锁控制机采用安全性冗余结构。

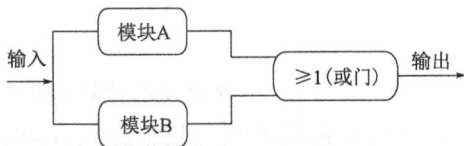

图5-2  可靠性冗余结构          图5-3  安全性冗余结构

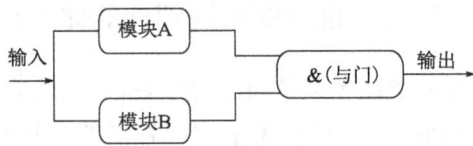

## 五、计算机联锁系统软件的功能

一般来说,计算机联锁系统的软件应具有人机界面信息处理功能、联锁控制功能、执行控制功能、自动检测与诊断功能等。

1. 人机界面信息处理功能

人机界面信息处理功能包括操作信息处理、表示信息处理、维护与管理信息处理。

(1)操作信息处理。

操作信息处理是指对正常的操作进行处理,形成有效的操作命令,并在屏幕上给出相应的表示,使车站值班员确认自己的操作;对错误的操作进行处理,并在屏幕上给出相应的提示,使车站值班员能立即发现自己的错误操作,及时采取措施予以纠正。

(2)表示信息处理。

表示信息处理是将现场信号设备的状态在屏幕上实时地给出显示,使车站值班员能随时监督现场设备的运行情况。

(3)维护与管理信息处理。

维护与管理信息处理是将现场的信号设备的故障状态在屏幕上及时地给出特殊的显示,以便维护人员迅速、准确地查找故障点;自动记录并储存车站值班员办理作业的时间及被操作的按钮,完成与其他有关系统的联系。

2. 联锁控制功能

联锁控制功能是指基本的联锁功能,即进路控制功能,主要包括:建立进路、锁闭进路、开放信号、开放保持、进路正常解锁、进路非正常解锁、道岔单独操纵、进路引导总锁闭。

3. 执行控制功能

执行控制功能即输入控制功能和输出控制功能。

(1)输入控制功能。

输入控制功能是指采集现场设备的状态信息,为联锁运算提供数据。

(2)输出控制功能。

输出控制功能是指根据联锁软件生成的控制命令来驱动现场设备控制电路。

4. 自动检测与诊断功能

自动检测与诊断功能是指在执行联锁程序的过程中检测故障的功能,包括检查硬件的失效、软件的缺陷及故障的位置。

5. 其他功能

其他功能是指基本联锁功能以外的功能,包括:非进路调车控制功能,平面调车溜放控制功能,与调度指挥/调度集中(TDCS/CTC)结合功能,与其他系统(如站内调度、管理信息系统等)的结合功能,监测联锁设备状态功能等。尽管这些功能之间存在某些联系,但它们的目的不同,而且在一个具体车站中也不需要联锁系统具备所有功能。因此,每项功能需由独立的软件甚至独立的计算机来实现。

## 六、计算机联锁系统软件的任务划分

计算机联锁系统软件的任务由人机对话机软件、联锁机软件、电务维修机软件分工完成。

人机对话机软件:对操作命令进行接收、判断与发送,站场信息显示,系统信息提示。

联锁机软件:按钮操作处理及站场信息处理,联锁运算,输入和输出。

电务维修机软件:维修诊断由电务维修机实现,主要任务包括站场状态跟踪与回放、操作命令记录与故障记录、输入/输出故障定位。

## 七、计算机联锁系统软件的总体结构

不同的计算机联锁系统软件组成和原则不一样,但软件的基本结构大致相同,可归纳如下。

系统软件按系统硬件的结构划分为三个层次,即人机对话层、联锁运算层和执行层。每个层次又根据功能需要划分为若干个功能模块。计算机联锁系统软件的总体结构如图5-4所示。各种软件包之间由专用通信软件实现沟通。人机对话层完成人机界面信息处理,联锁运算层完成联锁运算,执行层完成控制命令的输出和表示信息的输入。

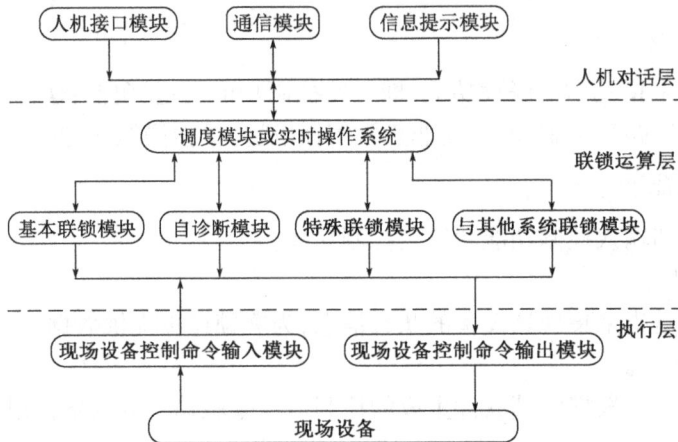

图5-4 计算机联锁系统软件总体结构

# 任务实施

## 任务5-2-1 计算机联锁系统硬件实训工单

| 班级及小组编号 | | 成员姓名 | |
|---|---|---|---|
| 任务描述 | | | 预期目标 |
| 任务名称 | 计算机联锁系统硬件 | | 知识目标:了解计算机联锁系统所用的计算机、计算机联锁系统硬件的体系结构和计算机联锁系统的冗余结构。 |
| 任务编号 | 5-2-1 | | 能力目标:能够掌握计算机联锁系统硬件基本结构和计算机联锁系统的冗余结构。 |
| 任务类型 | 理论 | | 素质目标:具有求知欲和刻苦学习、钻研的精神,具备归纳总结能力。 |
| 1. 查阅资料,回答相关问题。 | | | |
| 基本概念 | | 内容列举 | 具体描述 |
| 计算机实时控制系统/工业控制计算机(工控机)系统 | | | |

续上表

| | | |
|---|---|---|
| 计算机联锁系统硬件的体系结构 | | |
| 计算机联锁系统硬件的基本结构 | | |

2. 冗余结构知识学习。

| 冗余结构 | 原理框图/内容列举 | 内容描述 |
|---|---|---|
| 冗余结构的概念 | 可靠性冗余结构：<br>输入 → 模块A、模块B → ≥1(或门) → 输出<br><br>安全性冗余结构：<br>输入 → 模块A、模块B → &(与门) → 输出 | |
| 双机储备系统 | 双机储备系统的基本结构 | |
| | 双机储备系统的工作方式 | |
| 三机表决系统 | 三机表决系统结构框图：<br>输入 → 主机A、主机B、主机C → 表决器 → 接口 → 输出 | |
| 二乘二取二系统 | 二乘二取二系统的概述 | |
| | 二乘二取二系统原理框图：<br>系统Ⅰ：模块A、模块B → 与门<br>系统Ⅱ：模块A、模块B → 与门<br>系统Ⅰ、系统Ⅱ → 或门 → | |
| | 双系热备 | |

3. 描述二乘二取二系统的结构原理。

| 学习效果评价 | | |
|---|---|---|
| 评价指标 | 自我评价 | 教师评价 |
| 1. 知识学习效果 | | |
| 2. 能力目标达成度 | | |
| 3. 素质提升效果 | | |

本任务最终评价:

教师签名:　　　　　年　　月　　日

注:1. 自我评价、教师评价和最终评价均采用等级表示,填写优、良、中、及格和不及格。

　　2. 最终评价作为本课程总评价内容之一。

## 任务5-2-2　计算机联锁系统软件实训工单

| 班级及小组编号 | | 成员姓名 | |
|---|---|---|---|
| 任务描述 | | 预期目标 | |
| 任务名称 | 计算机联锁系统软件 | 知识目标:了解计算机联锁系统软件的功能、任务划分、总体结构以及人机对话机软件和联锁机软件。 能力目标:能够掌握计算机联锁系统软件总体结构、人机对话机软件和联锁机软件。 素质目标:具有求知欲和刻苦学习、钻研的精神,具备归纳总结能力。 | |
| 任务编号 | 5-2-2 | | |
| 知识类型 | 理论 | | |

1. 查阅资料,回答相关问题。

| 基本概念 | 内容列举 | 具体描述 |
|---|---|---|
| 计算机联锁系统软件的功能(5项) | | |
| 计算机联锁系统软件的任务划分 | | |
| 计算机联锁系统软件的总体结构分类 | 按照系统层次结构分类: 按照冗余结构分类: 按照联锁数据的组织形式分类: | |

| 人机对话机软件 | 人机对话机软件流程: | |
|---|---|---|
| | 初始化<br><br>控制台按钮处理<br><br>选岔处理<br><br>图像显示<br><br>记录与储存<br><br>与联锁机交换信息<br><br>与维修机交换信息 | |
| | 人机对话机软件的任务及其实现 | |
| 联锁机软件 | | |

2. 描述计算机联锁系统软件的总体结构。

| 学习效果评价 | | |
|---|---|---|
| 评价指标 | 自我评价 | 教师评价 |
| 1. 知识学习效果 | | |
| 2. 能力目标达成度 | | |
| 3. 素质提升效果 | | |

本任务最终评价:

教师签名:　　　　年　　月　　日

注:1. 自我评价、教师评价和最终评价均采用等级表示,填写优、良、中、及格和不及格。

　　2. 最终评价作为本课程总评价内容之一。

# 任务5-3　计算机联锁系统的通道、接口及信息传输

## 任务描述

计算机联锁系统的通道与接口指计算机联锁系统与外部设备的联系通道与接口,包括开关量输入通道、开关量输出通道及"故障-安全"输入/输出接口,并非通用的标准接口。由于计算机联锁系统在硬件设计上均采用多主机系统,系统内部及各子系统之间要进行大量的信息传输以实现信息共享。信息传输的速度和质量直接影响计算机联锁系统的安全性和可靠性,信息的传输需要通道与接口。本任务旨在了解信息的传输方式和传输接口。

## 任务目标

1. 掌握计算机联锁系统的通道与接口。
2. 掌握计算机联锁系统的信息传输方式。

## 任务指导

### 一、开关量输入通道

开关量输入通道是将二值开关量信息转换成计算机能接收的两种电平信号并抗干扰,保证输入信号的正确性。开关量输入通道的特点是每个二进制位都可以代表开关量,即一个二值器件的状态。信号形成电路应具有变换、隔离和去抖功能。

**1. 变换**

对于有触点的开关来说,如继电器接点,要把其"通"与"断"两种状态转换成计算机能识别的"0"和"1"。

**2. 隔离**

为防止现场强电磁干扰或工频电压通过输入通道反串到计算机系统中,一般需要采用通道隔离技术。在开关量输入通道的隔离中,最常用的是光-电隔离技术,因为光信号的传输不受电场、磁场的干扰,可以有效地隔离电信号。

**3. 去抖**

有接点的开关工件,在接点刚刚接通或刚刚断开时有机械振动,这种抖动对继电器无影响,但计算机对此很敏感,可能导致检测结果出错。一般可以用硬件电路去抖,或采用软件延时的方法去抖。

## 二、开关量输出通道

联锁计算机输出的开关用于控制执行继电器。开关量输出通道的主要功能：一是提高驱动能力，将时间生存值(TTL)电平信号转换成能驱动继电器等执行器件的信号；二是实现计算机与外部设备之间的电气隔离，防止干扰信号侵入，保证系统可靠工作。

## 三、"故障-安全"输入/输出接口

### 1. "故障-安全"输入接口

目前，在计算机联锁系统中，故障和安全通过信号机、道岔、继电器的接点状态来反映。通常用继电器的吸起表征危险侧，如轨道区段空闲；用落下表征安全侧，如轨道区段占用。显然，这是一种电平形式的二值逻辑数据。输入接口将这种数据安全地采集到联锁机中，为此，"故障-安全"输入接口必须做到以下两点：采用光电隔离技术，以便有效地抑制接点输入电路的电磁干扰；采用静态输入或动态输入方式，以遵循"故障-安全"原则。

### 2. "故障-安全"输出接口

经长期实践检验，广泛使用的信号机控制电路与道岔控制电路是确实可行的"故障-安全"电路。计算机联锁系统只需在此基础上设计相应的驱动电路，带动继电器动作，通过继电控制电路控制现场设备，即可满足系统对输出接口的各项技术要求。而联锁计算机输出的控制信息通常是代码形式，并且信号电平很低，一般不足以驱动继电器工作。为此，输出接口的任务是将控制信息从代码形式转换成电平形式。

## 任务实施

### 任务5-3 计算机联锁系统的通道、接口及信息传输实训工单

| 班级及小组编号 | | 成员姓名 | |
|---|---|---|---|
| 任务描述 | | | 预期目标 |
| 任务名称 | 计算机联锁系统的通道、接口及信息传输 | | 知识目标：了解计算机联锁系统的特定通道、接口和信息传输方式。 |
| 任务编号 | 5-3 | | 能力目标：掌握计算机联锁系统的通道、接口和信息传输方式。 |
| 任务类型 | 理论 | | 素质目标：具有求知欲和刻苦学习、钻研的精神，具备归纳总结能力。 |
| 1. 查阅资料，回答相关问题。 | | | |
| 知识点 | 内容列举 | | 具体内容 |
| 开关量输入通道 | | | |
| 开关量输出通道 | | | |

| "故障-安全"输入/输出接口 | "故障-安全"输入接口 | |
| | "故障-安全"输出接口 | |
| 计算机联锁系统的信息传输 | 总线传输 | |
| | 局域网传输 | |
| | 光纤信息传输 | |

2. "故障-安全"输入/输出接口指什么？

3. 计算机联锁系统的信息传输方式有几种？

| 学习效果评价 | | |
| --- | --- | --- |
| 评价指标 | 自我评价 | 教师评价 |
| 1. 知识学习效果 | | |
| 2. 能力目标达成度 | | |
| 3. 素质提升效果 | | |
| 本任务最终评价： | | |

教师签名： 年 月 日

注：1. 自我评价、教师评价和最终评价均采用等级表示，填写优、良、中、及格和不及格。

2. 最终评价作为本课程总评价内容之一。

# 任务 5-4  JD-IA 型计算机联锁系统的硬件组成及接口电路

## ▌任务描述

　　JD-IA 型计算机联锁系统属于分布式计算机控制系统,也称集散型测控系统,其特点是分散控制、集中信息管理。本任务旨在让学生掌握 JD-IA 型计算机联锁系统的硬件组成和接口电路,这有助于后期对其进行维护。

## ▌任务目标

　　1. 掌握 JD-IA 型计算机联锁系统的硬件组成。
　　2. 掌握 JD-IA 型计算机联锁系统的接口电路。

## ▌任务指导

　　本任务的主要内容是维护 JD-IA 型计算机联锁系统所需的知识准备,主要包括两部分:JD-IA 型计算机联锁系统的硬件组成和系统接口电路。

### 一、JD-IA 型计算机联锁系统的硬件组成

　　JD-IA 型计算机联锁系统属于分布式计算机控制系统,也称集散型测控系统,其特点是分散控制、集中信息管理。该系统包括人机对话层(也称操作表示层)、联锁运算层、执行层。

　　1. JD-IA 型计算机联锁系统主要硬件组成部分及功能

　　(1)操作表示计算机。

　　操作表示计算机简称操作表示机、操作机、操表机,也称人机对话机、上位机,它和联锁计算机构成上下位分层结构。操作表示机有以下功能:

　　①办理进路等操作功能。接收车站值班员的操作按钮信息,将操作信息通过网络通信传送给联锁机。

　　②站场及信息显示功能。接收来自联锁计算机的站场状态数据和提示信息等,在 CRT(阴极射线管)显示器或控制台上显示站场情况、系统工作状况、提示信息、报警信息等,对主要的错误或故障提供相应的语音报警。

　　③信息转发功能。将站场状态数据及提示信息、报警信息、系统状态信息等转发给电务维修机。

　　(2)联锁计算机。

　　联锁计算机简称联锁机,也称下位机,功能如下:

①接收操作表示机下发的操作命令。

②通过输入接口电路采集站场状态信息。

③进行联锁运算。

④根据运算结果,通过输出接口电路控制组合架继电器动作。

⑤将站场状态信息、提示信息、故障信息等传送给操作表示机。

为缩减计算机联锁设备数量、体积和占地面积,为JD-IA型计算机联锁系统设计了一种小型(S型)系统。这种系统将上述操作表示机和联锁机合并成一台计算机,安装操作表示机和联锁机各自的软件,同时实现两台计算机各自的功能。

(3)接口电路。

联锁机通过执行层的采集接口电路采集组合架继电器状态信息,通过输出驱动电路驱动组合架继电器动作。

(4)接口配线、通道防雷。

组合架继电器与采集、输出驱动电路一一对应,即接口信息表规定某套采集电路采集哪个继电器,某套输出驱动电路驱动哪个继电器。从组合架室内分线盘到计算机联锁电路间通过32芯电缆相连,在连接之处加装通道防雷器件。

(5)电务维修机。

电务维修机通过电务维修网与操作表示机相连,功能如下:

①接收操作表示机传来的站场状态信息、操作信息、提示信息、故障信息等。

②显示站场运行状况、车站值班员操作信息、故障信息、系统运行状况等。

③记录一个月的历史信息,可查看一个月内站场运行状况、车站值班员操作信息、故障信息等。

**2. JD-IA型计算机联锁系统各硬件组成之间的通信方式**

(1)操作表示机之间、操作表示机与电务维修机之间采用以太网通信。

(2)操作表示机与联锁机之间联锁机与联锁机之间采用双CAN通信网通信,双网同时工作,有一网故障时,另一网可保证系统正常通信。

(3)联锁机与接口电路之间采用外部控制总线通信,实现与计算机总线的分离。

(4)接口电路与继电器组架之间通过32芯电缆连接。

**3. JD-IA型计算机联锁系统硬件组成布置情况**

在运转室,有车务前台监视器、音箱、输入设备(鼠标)等,还可以提供后台监视器,便于车站值班员监视前台操作及站场运行情况。

在微机室,有联锁A柜、联锁B柜、计算机柜、防雷接口柜,以及提供给电务人员的维修机和终端设备。

联锁机柜中包括倒机电路,12V、5V、32V直流电源(供接口电路、继电器驱动使用),联锁微机,以及采集机箱、输出驱动检测机箱。

计算机柜中包括操作表示机、维修机、操作机倒机单元。

防雷接口柜包括电源系统、不间断电源(UPS)、从组合架接口来的配线(带防雷),以及到联锁机柜中的采集/驱动配线。

## 二、JD-IA型计算机联锁系统的接口电路组成与信息交换方式

接口电路由总线转换板、机箱控制板和输入/输出接口三级电路组成。后两级电路采用外部控制总线（CRTP总线）方式，外部控制总线通过插在最后一个机箱中的总线转换板（IOBC电路板）与计算机ISA总线交换信息。从组合架室内分线盘到输入/输出防雷接口柜之间，以及防雷接口柜到联锁机柜之间，均通过32芯电缆相连，防雷接口柜加装有通道防雷器件。

（1）总线转换电路板。

总线转换电路板安装在联锁机内，实现ISA总线和外部控制总线的转换。总线转换电路板通过输入/输出机箱母板上的64路欧洲标准DIN连接器，采用级联方式，与所有采集机箱和输出机箱相连。电务人员不需要维护总线转换电路板。

（2）机箱控制电路板。

机箱背后安装有I/O母板，I/O母板提供外部控制总线。采集板、输出驱动板、检测板以及多功能匹配板都插在I/O母板上。这些电路板都通过16位数据线与外部控制总线交换数据。机箱控制电路板用于对本机箱电路板选址，选中哪块电路板，则该电路板通过16位数据线与外部控制总线交换数据。电路板面板有工作指示灯，正常工作时ADDR1、ADDR2、ADDR4、ADDR8指示灯不断闪烁，循环选址。

（3）I/O匹配电路板。

I/O匹配电路板插在I/O母板上，用于机箱中外部控制总线的终端匹配。每个机箱必须有一块I/O匹配电路板。

（4）多功能匹配电路板。

多功能匹配电路板插在I/O母板上，可以提供母板总线终端匹配功能。多功能匹配板还用于控制、采集联锁机柜中的联锁倒机电路，包括本联锁机监督继电器（JJ）的控制、倒机继电器（DJ）的控制，本联锁机监督继电器、倒机继电器、切换继电器、仿真检测开关状态的采集，邻联锁机监督继电器、切换继电器状态的采集。此外，多功能匹配板还用于产生本联锁机动态采集电路使用的12V动态方波。

（5）总线匹配电路板。

总线匹配电路板插在I/O母板上，与外部控制总线匹配。对于一套联锁机柜，在其控制的最后一个接口机箱中必须插入一块总线匹配板。

（6）32路采集电路板。

32路采集电路板插在I/O母板上，用于采集室内组合架继电器接点状态。对于每个采集点对应的是哪个继电器，采集的是此继电器的前接点还是后接点，由接口信息表约定。采集板前面板指示灯表明组合架上该继电器接点是否闭合，如果接点闭合，则该路指示灯闪烁。每个采集点通过两路采集电路采集，如第一块采集板的第一路和第二块采集板的第一路采集的是同一接点。只有两路采集结果一致，才表示采集接点闭合。如果继电器采集接点闭合，则采集电路板上相应的指示灯闪烁（因为采集电路是动态采集，所以指示灯闪烁）。

（7）16 路输出驱动电路板。

16 路输出驱动电路板插在 I/O 母板上，接收联锁机发送的动态方波，再控制动态驱动电路，驱动电路接收动态脉冲，进而产生驱动组合架继电器动作的直流电平。对于每个输出点对应的是哪个继电器，由接口信息表约定。当输出驱动电路板某路有输出时，面板上的指示灯会闪烁。

（8）32 路驱动回读检测电路板（简称检测板）。

检测板插在 I/O 母板上，用于检测动态驱动电路是否工作正常。检测板和输出驱动电路板配套使用。当对应的输出电路有输出时，如果其控制的那路动态驱动电路也工作正常，则此路检测板面板上的指示灯点亮。如果动态驱动电路故障或回读检测电路故障，则该路指示灯不亮，此时电务维修机会做记录。如果当前联锁机为主机，则会自动切换到备用联锁机。

（9）继电器结合电路。

为了保证室外信号设备的控制电路基本不变，JD-IA 型计算机联锁系统仍然保留了部分继电器，组成了相对定型的继电器组合，继电器的名称和作用与 6502 电气集中基本相同，各种组合所用的继电器如下：

道岔组合：DCJ、FCJ、DBJ、FBJ、SJ、1DQJ、2DQJ。

进站组合：LXJ、TXJ、LUXJ、ZXJ、YXJ、1DJ、2DJ。

一方向出站组合：LXJ、DXJ、DJ。

多方向出站组合：LXJ、DXJ、ZXJ、DJ。

调车组合：DXJ、DJ。

轨道区段：GJ（50Hz 或 25Hz）。

## 任务实施

### 任务5-4  JD-IA 型计算机联锁系统的硬件组成及接口电路实训工单

| 班级及小组编号 | | 成员姓名 | |
|---|---|---|---|
| 任务描述 | | | 预期目标 |
| 任务名称 | JD-IA 型计算机联锁系统的硬件组成及接口电路 | | 知识目标：了解 JD-IA 型计算机联锁系统的硬件组成和接口电路。<br>能力目标：能够描述 JD-IA 型计算机联锁系统的硬件组成和接口电路。<br>素质目标：具有求知欲和刻苦学习、钻研的精神，具备归纳总结能力。 |
| 任务编号 | 5-4 | | |
| 任务类型 | 理论 | | |

| 知识点 | 内容列举 |
|---|---|
| | **1. 查阅资料,回答相关问题。** |
| JD-IA型计算机联锁系统体系结构 | 快速以太网交换机 / 电务维修网 / 电务维修机 / 操作表示机A / 操作表示机B / 人机对话层 / 联锁/操作表示 1网 2网 / 联锁机A / 联锁机B / 联锁运算层(微机室) / 总线控制器A / 总线控制器B / 外控制总线 / 采集电路A 输出电路A 检测电路A / 采集电路B 输出电路B 检测电路B / 执行层(微机室) / 32芯线缆 / 接口配线、通道防雷 / 执行层(机械室) / 机械室组合架继电器 |
| JD-IA型计算机联锁系统技术性能及特点(6项) | |
| JD-IA型计算机联锁系统硬件组成 | 音箱 / 大屏幕A 大屏幕B 鼠标 / 打印机 电务维修机 切换电路 / 监测机 / 联锁机A 联锁机B / 监测机机柜 / 操作机A 操作机B 仿真测试机 / 采集板 输出驱动检测板 输出驱动检测板 采集板 / 继电设备 / ⋯⋯ CAN扁缆 ---- RJ45网线 —·— 双绞线 ═══ 多芯电缆 |

2. JD-IA 型计算机联锁系统接口电路的控制原理如 F 图所示,分析其电路。

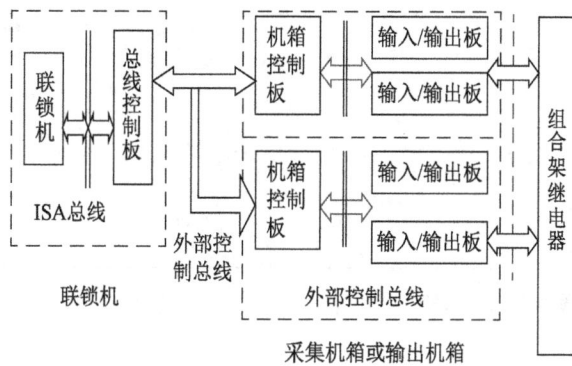

| 电路组成 | 内容描述 |
|---|---|
| 总线转换电路板 | |
| 机箱控制电路板 | |
| I/O 匹配电路板 | |
| 多功能匹配电路板 | |
| 总线匹配电路板 | |
| 32 路采集电路板 | |
| 16 路输出驱动电路板 | |
| 32 路驱动回读检测电路板<br>(简称检测板) | |
| 继电器结合电路 | |

3. 描述 JD-IA 型计算机联锁系统体系结构。

4. 描述JD-IA型计算机联锁系统硬件组成。

5. 描述JD-IA型计算机联锁系统各接口电路。

| 学习效果评价 | | |
|---|---|---|
| 评价指标 | 自我评价 | 教师评价 |
| 1. 知识学习效果 | | |
| 2. 能力目标达成度 | | |
| 3. 素质提升效果 | | |

本任务最终评价：

教师签名：　　　　　年　　月　　日

注：1. 自我评价、教师评价和最终评价均采用等级表示,填写优、良、中、及格和不及格。

2. 最终评价作为本课程总评价内容之一。

# 任务5-5　JD-IA型计算机联锁系统的使用、维护和故障处理

## 任务描述

熟悉JD-IA型计算机联锁系统的开启、关闭步骤,了解系统的运行状态和日常维护,掌握系统的故障判别和排除方法。

## 任务目标

1. 了解JD-IA型计算机联锁系统的开启、关闭步骤。
2. 了解并掌握系统的运行状态,以及日常维护、故障判别和排除方法。

## 任务指导

### 一、JD-IA型计算机联锁系统开启、关闭步骤

#### 1. 系统开启步骤

开启A、B不间断电源(UPS)。在电源屏正常供电情况下,按压UPS的电源按钮1~2s,UPS应正常启动。

开启各联锁机柜后面的AC220V空气开关,并顺序打开A、B电源箱的5V、12V、32V电源开关。

打开运转室设备电源。

打开A、B各计算机的电源。

打开维修机电源。

打开操作表示切换单元24V电源开关。

#### 2. 系统关闭步骤

关闭维修机电源。

关闭A、B各计算机电源。

关闭A、B电源箱的5V、12V、32V电源开关。

关闭各联锁机柜内AC220V电源开关。

关闭操作表示切换单元24V的电源。

关闭运转室设备电源。

关闭A、B UPS。

## 二、供电故障(UPS正常工作)

(1)电源正常供电指示灯点亮:表示系统由电源屏正常供电。

(2)负载量指示灯点亮:共5个灯,显示负载从UPS获取的电力达到UPS完全容量的百分比,每一个灯代表完全容量的20%。

(3)电池充电量指示灯点亮:共5个灯,显示UPS电池当前充电水平已达到电池容量的百分比,若5个灯都亮,说明电池充分充电。当电池不足100%充电时,最上面的一个指示灯熄灭。当指示灯闪烁时,说明电池所能提供的电力不足。

## 三、供电故障(UPS非正常工作)

(1)电池供电指示灯点亮:表明UPS由电池供电,室内电源屏提供的交流电压220V断电。此时UPS发出"哔——嘣"的报警声(每次间隔30s,连续4次)。当UPS恢复电源屏供电时,报警声停止,电池供电指示灯灭,恢复正常。

(2)补偿超高电压指示灯点亮:表明UPS正在补偿超高电压。

(3)补偿过低电压指示灯点亮:表明UPS正在补偿过低电压。

(4)超负荷指示灯点亮:当负载超过了UPS容量时(系统用的UPS是1400V·A),超负荷指示灯亮,UPS发出一个持续的长音。当联锁系统正常运转时,不会超负荷。若发现超负荷指示灯亮,要迅速检查负载,排除故障,以消除超负荷。

(5)更换电池指示灯点亮:UPS在使用过程中,每两周进行自检一次(无须人工操作)。在自检过程中,UPS在短时间内以电池运行负载设备。如果自检通过,将完全恢复到电源屏供电运行;如果自检失败(即电池不能供电),则更换电池指示灯亮,同时发出短促的"哔——嘣"声。UPS恢复到电源屏供电,并给电池充电一段时间后,如果更换电池指示灯仍然亮着,则需更换电池。

(6)电压灵敏度灯点亮:机箱后面板小孔内设有一个按钮,并用其指示灯的明亮程度表示灵敏度。当UPS为正常灵敏度时,指示灯为明亮状态;当调为稍低灵敏度时,指示灯转暗;当调为低灵敏度时,指示灯关闭。一般应调整到低灵敏度。

## 四、显示器故障

系统正常运行时,显示器的电源指示灯亮,显示器应给出正常的显示。当显示器黑屏,电源指示灯不亮,可能是显示器电源未接通或显示器故障。

如果电源指示灯闪烁,显示器仍不能正常显示(黑屏或缺色),可能是视频信号未送到显示器的输入端或显示器故障,具体原因有以下几种:

(1)显示器的视频电缆线插头松动或断线。

(2)上位主用机到上位机倒机单元视频电缆线未接通或断线。

(3)上位机倒机单元到显示分屏器视频电缆线未接通或断线。

(4)上位主用机显示卡故障或死机。

（5）上位机倒机单元出现故障。

（6）显示器分屏器或显示器出现故障。

此时，应仔细检查上述各环节，必要时更换电路板进行试验。注意：在换视频电缆或电路板时一定要先将显示器关闭，接好视频线后再将电源打开，否则极易损坏设备。

## 五、防雷管击穿故障

### 1. 故障现象

防雷监督板报警，联锁机 B 机死机。

### 2. 处理过程

（1）通过查看防雷监督板和联锁机状态，发现是 B 套联锁的防雷管击穿。

（2）在故障处断开防雷柜中 B 套联锁的所有插接线，断开后 B 套采集机箱灯光全部熄灭。

（3）用一根导线一端连接 B 机中 12V 电源中的正线，另一端连接防雷柜中 B 套联锁的地线。

（4）此时 B 机采集机箱会有一处点亮，点亮的地方就是对应的防雷管击穿处。

（5）更换防雷管后，按压防雷监督板的复位按钮，重新启动联锁机，故障排除。

## 任务实施

### 任务5-5 JD-IA 型计算机联锁系统的使用、维护和故障处理实训工单

| 班级及小组编号 | | 成员姓名 | |
|---|---|---|---|
| 任务描述 | | 预期目标 | |
| 任务名称 | JD-IA 型计算机联锁系统的使用、维护和故障处理 | 知识目标：了解 JD-IA 型计算机联锁系统的开启、关闭步骤，系统的运行状态，日常维护以及故障判别和排除方法。 能力目标：能够掌握系统的运行状态，日常维护、故障判别和排除方法。 素质目标：具有求知欲和刻苦学习、钻研的精神，具备归纳总结能力。 | |
| 任务编号 | 5-5 | | |
| 任务类型 | 理实一体 | | |
| 1. 查阅资料，回答相关问题。 | | | |
| 项目 | 项目内容 | | 操作方式 |
| 系统开启、关闭步骤 | 系统开启步骤 | | |
| | 系统关闭步骤 | | |

| 电务维修机 | 电务维修功能和实用举例 | |
|---|---|---|
| 操作表示机 | A、B机的运行方式与区别 | |
| | A、B机的显示与转换 | |
| 联锁机<br>日常维护(4项) | 显示与转换 | |
| | 四种工作状态 | |
| | 双机切换或备机重启的故障 | |
| | 发生非危险性故障转换 | |
| JD-IA型计算机联锁系统的故障分析与处理 | 供电故障(UPS正常工作)时,三种指示灯点亮的意义 | |
| | 供电故障(UPS非正常工作)时,指示灯点亮的意义 | |
| | 显示器故障 | |
| | 防雷管击穿故障 | |

2. 描述JD-IA型计算机联锁系统开启、关闭步骤。

3. 描述JD-IA型计算机联锁系统的故障分析与处理。

学习效果评价

| 评价指标 | 自我评价 | 教师评价 |
|---|---|---|
| 1. 知识学习效果 | | |
| 2. 能力目标达成度 | | |
| 3. 素质提升效果 | | |

本任务最终评价:

教师签名: 年 月 日

注:1. 自我评价、教师评价和最终评价均采用等级表示,填写优、良、中、及格和不及格。
2. 最终评价作为本课程总评价内容之一。

# 任务 5-6 EI32-JD型计算机联锁系统的结构和联锁机柜

## 任务描述

EI32-JD型计算机联锁系统属于分布式计算机控制系统,也称集散型测控系统,其特点是分散控制、集中信息管理。EI32-JD型计算机联锁系统的联锁机柜采用欧洲标准构造,机柜内包括联锁机箱(包括 I 系联锁机、II 系联锁机、联锁倒机单元)、驱动采集机(简称驱采机)与驱采扩展机箱。

## 任务目标

1. 掌握EI32-JD型计算机联锁系统的体系结构。
2. 掌握EI32-JD型计算机联锁系统的联锁机柜内容。

## 任务指导

学习EI32-JD型计算机联锁系统的体系结构和联锁机柜内容,为后续EI32-JD型计算机联锁系统的维护和维修奠定基础。

EI32-JD型计算机联锁系统是由日本信号株式会社和北京交大微联科技有限公司联合开发研制的计算机联锁系统,采用日本信号株式会社成熟的硬件技术(EI-32型安全型计算机联锁主机),以及北京交大微联科技有限公司开发研制的软件系统,形成了一套性能可靠、具有故障安全性、功能完善、操作简单、维护方便的车站联锁系统。

1.EI32-JD型计算机联锁系统的主要技术特点

(1)联锁机/驱采机硬件及驱动、采集电路为日本信号株式会社产品,操作表示机为工控机。

(2)联锁机为二乘二取二结构,分为 I 、II 系,各系内部为二取二结构,双系互为热备;双系中每一单系均包括双套计算机实时校核工作;每一单系中必须双机工作一致才能对外输出,实现全系的高安全性;任一单系检出故障均可立即倒向双系工作,实现全系的高可靠性。

(3)联锁系统中联锁功能和驱采功能分离,联锁系统由联锁层和执行层(驱动采集电路)组成,根据车站的规模,每一冗余系可能包括一套或两套驱采机,每套驱采机均为二乘二取二冗余结构。

(4)单系为双CPU结构,双系各自独立,具备自律功能。

(5)各联锁机和驱采机之间采用双环光缆构成的专用局域网(LAN网),物理通道为双倍冗余。

（6）每一继电器输出驱动的末级采用独立的电源隔离技术，驱动无极继电器，防止线路混线而导致继电器误动。

（7）联锁软件由北京交大微联科技有限公司编制。系统整体符合国家铁路局《铁路车站计算机联锁技术条件》（TB/T 3027—2015）要求。

（8）操作表示机为双机热备结构。

（9）考虑了与调度集中自律机结合方案，支持设备集中和设备分散两种制式。

（10）联锁系统可与微机监测系统一并设计。

（11）适用于区域联锁。联锁机和驱采机分离，使冗余结构更为灵活、合理，便于通过远程连接实现分散控制、区域集中管理。

2. EI32-JD计算机联锁系统主要组成部分

（1）操作表示机。

操作表示机也称人机对话机，简称上位机，和联锁机构成上下位分层结构。操作表示机有以下功能：

①办理进路等操作功能。接收车站值班员的操作按钮信息，将信息通过网络通信传送给联锁机。

②站场及信息显示功能。接收来自联锁机的站场状态数据和提示信息等，在CRT显示器或控制台上显示站场情况、系统工作状况、提示信息、报警信息等，对主要的错误或故障提供相应的语音报警。

③信息转发功能。将站场状态数据及提示信息、报警信息、系统状态信息等转发给电务维修机。

（2）联锁机。

联锁机功能如下：

①接收操作表示机下发的操作命令。

②进行联锁运算。

③根据运算结果，产生控制命令，并通过LAN通信，将控制命令传送到驱采机。

④通过LAN通信，接收驱采机传送的采集站场状态信息。

⑤将站场状态信息、提示信息、故障信息等传送给操作表示机。

（3）驱动采集机（简称驱采机）。

驱采机功能如下：

①控制采集电路工作。

②通过LAN通信，将采集到的站场状态信息传送到联锁机。

③通过LAN通信，接收联锁机传送的控制命令，并根据控制命令控制相应驱动电路。

（4）采集电路、驱动电路。

采集电路在驱采机的控制下，采集组合架继电器状态；驱动电路在驱采机的控制下，驱动组合架继电器动作。

（5）接口配线。

组合架继电器与采集、驱动电路间一一对应，即接口信息表规定某采集电路采集哪个继电器，某驱动电路驱动哪个继电器。

组合架室内分线盘与采集电路、驱动电路之间通过32芯电缆相连。

（6）电务维修机。

电务维修机通过电务维修网与操作表示机相连，功能如下：

①接收操作表示机传来的站场状态信息、操作信息、提示信息、故障信息等。

②显示站场运行状况、车站值班员操作信息、故障信息、系统运行状况等。

③保存一年的历史信息，可供查看一年内站场运行状况、车站值班员操作信息、故障信息等。

④为调度监督、调度指挥管理信息系统（DMIS）、微机监测等提供接口。

## 任务实施

### 任务5-6 EI32-JD型计算机联锁系统的结构和联锁机柜实训工单

| 班级及小组编号 | | 成员姓名 | |
|---|---|---|---|
| 任务描述 | | | 预期目标 |
| 任务名称 | EI32-JD型计算机联锁系统的结构和联锁机柜 | | 知识目标：了解EI32-JD型计算机联锁系统的结构，掌握EI32-JD型计算机联锁系统的联锁机柜结构。<br>能力目标：了解EI32-JD型计算机联锁系统的结构、联锁机柜结构。<br>素质目标：具有求知欲和刻苦学习、钻研的精神，具备归纳总结能力。 |
| 任务编号 | 5-6 | | |
| 任务类型 | 理论 | | |

1. 查阅资料，回答相关问题。

| 知识点 | 内容列举 |
|---|---|
| EI32-JD型计算机联锁系统主要技术特点（11项） | |

续上表

| 知识点 | 内容列举 |
|---|---|
| EI32-JD型计算机联锁系统体系结构 | |
| EI32-JD计算机联锁系统主要组成部分<br>（6项） | |

续上表

| | |
|---|---|
| EI32-JD型计算机联锁系统硬件结构 | 音箱　鼠标　前台监视器　后台监视器<br>车务人员终端　显示分屏器<br>运转室<br>联锁机柜：Ⅰ系驱采扩展机箱／Ⅰ系驱采机箱／Ⅰ系联锁机 联锁倒机单元 Ⅱ系联锁机／Ⅱ系驱采机箱／Ⅱ系驱采扩展机箱／24V开关电源、接口箱<br>综合机柜：A操作表示机／操作倒机单元／B操作表示机／网络集线器<br>分线柜<br>微机室　维修机终端：电务维修机 鼠标 键盘 打印机<br>机械室　机械室组合架接口 |

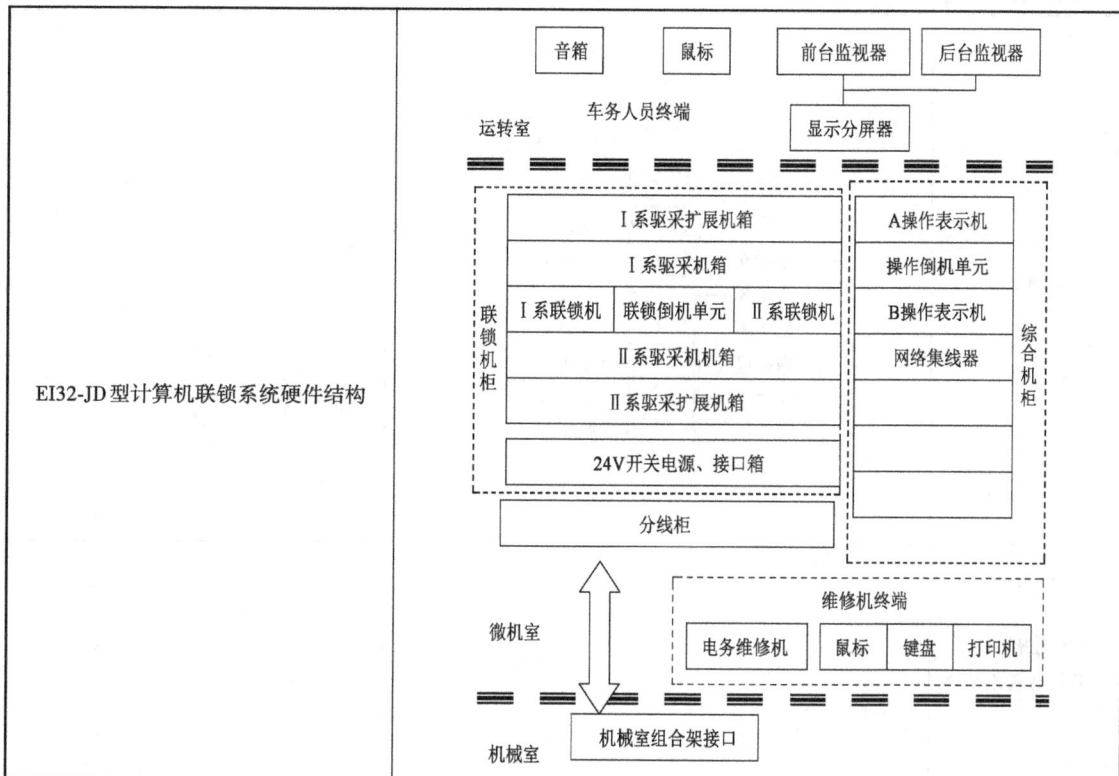

2. 联锁机柜结构及相关知识。

| 机柜结构 | 图示 | 具体内容 |
|---|---|---|
| 联锁机柜的机箱式结构 | | |
| 采集电路 | | |

| 117 ◄

| | | |
|---|---|---|
| 驱动电路 | | |
| 动态无缝切换的<br>双机热备系统 | | |

3. 分析 EI32-JD 型计算机联锁系统体系结构。

| 学习效果评价 | | |
|---|---|---|
| 评价指标 | 自我评价 | 教师评价 |
| 1. 知识学习效果 | | |
| 2. 能力目标达成度 | | |
| 3. 素质提升效果 | | |
| 本任务最终评价： | | |

教师签名： 年 月 日

注：1. 自我评价、教师评价和最终评价均采用等级表示,填写优、良、中、及格和不及格。

2. 最终评价作为本课程总评价内容之一。

# 任务 5-7 EI32-JD 型计算机联锁系统操作表示机/上位机、电务维修机和电源系统

## 任务描述

与联锁机构类似,操作表示机/上位机、电务维修机和电源系统也是 EI32-JD 型计算机联锁系统的重要组成部分,掌握这些结构有助于更方便地开展该系统的维护维修工作。

## 任务目标

1. 掌握 EI32-JD 型计算机联锁系统的操作表示机/上位机工作方式。
2. 掌握 EI32-JD 型计算机联锁系统的电务维修机和电源系统功能与结构。

## 任务指导

操作表示机/上位机、电务维修机和电源系统是 EI32-JD 型计算机联锁系统的重要部分,为顺利开展对该系统的故障检测和维护,必须掌握这些结构的工作方式和原理。

### 一、操作表示机/上位机

操作表示机也称人机对话机,简称上位机,和联锁计算机构成上下位分层结构。操作表示机有以下功能:

(1)办理进路等操作功能。接收车站值班员的操作按钮信息,将操作信息通过网络通信传送给联锁机。

(2)站场及信息显示功能。接收来自联锁机的站场状态数据和提示信息等,对主要的错误或故障提供相应的语音报警。

(3)信息转发功能。将站场状态数据及提示信息、报警信息、系统状态信息等转发给电务维修机。

A 操作表示机、B 操作表示机,以及操作表示机倒机单元都放在综合机柜中。系统运行时,两台操作表示机同时工作,一台主用,一台热备,当主用操作表示机发生故障时,自动切换到备用操作表示机。主用操作表示机运行时,接收鼠标操作,向联锁机发送车站值班员的操作命令,播放语音提示信息;备用操作表示机运行时,不接收鼠标操作,不向联锁机发送值班员的操作命令,不播放语音提示信息,但接收联锁机传来的站场状态信息,实时显示站场运行情况、系统运行情况等。

### 二、电务维修机功能

EI32-JD 型计算机联锁电务维修系统是和 EI32-JD 型计算机联锁系统配套使用的车站信

号信息微机记录、监督系统。该系统软件在 Windows NT 操作系统环境下运行,用 C++ 语言编写而成。整个系统人机交互界面友好,操作简单。电务维修机具有如下功能:

(1)实时监视 EI32-JD 型计算机联锁系统的运行情况,包括联锁机、驱采机、输入/输出硬件电路、操作表示机,以及各计算机间的通信情况。

(2)实时监视、记录车站值班员操作及车站运行情况。

(3)记录车站信号设备故障,包括道岔失去表示、灯丝断丝等。

(4)记录计算机联锁系统输入/输出电路硬件故障、系统控制板故障、通信故障等。

(5)记录计算机联锁系统软件故障。

(6)再现车站值班员操作及车站运行情况。

(7)再现输入/输出电路工作情况。

(8)再现故障信息。

(9)打印。

(10)远程诊断。通过电话线和调制解调器(MODEM),可远程登录车站的电务维修机,维修中心可以查看系统运行信息、车站运行情况、故障信息,帮助电务人员分析故障,迅速排除故障。

(11)对于配置微机监测的车站,可通过微机监测界面查看车站监测信息(设备模拟量)。

电务维修系统的使用方法,见供应商的计算机联锁电务维修系统操作手册。

### 三、电务维修机配线

微机室设有电务维修终端,用于电务人员查看电务维修信息、打印相关记录。电务维修终端包括终端桌、监视器、鼠标、打印机。设备引线来自电务维修机,包括监视器线、鼠标线、打印机线,以及来自电源系统的 220V 交流电线。

### 四、电源系统

EI32-JD 型计算机联锁系统所需的两路 220V 交流电源由车站信号电源屏独立提供。在引入联锁系统之前,先对电源进行防雷处理,然后分别提供 3 套 24V 开关电源(驱采电源、联锁电源、接口电源)给如下设备:A、B 操作表示机、操作表示机倒机单元;电务维修机、电务维修终端设备(打印机、显示器);车务终端设备(显示器、音箱等)。

Ⅰ系驱采机由Ⅰ系驱采 24V 电源供电,Ⅱ系驱采机由Ⅱ系驱采 24V 电源供电。采集驱动电路由接口 24V 开关电源供电。联锁机、LAN、联锁机倒机电路由联锁 24V 开关电源供电,联锁、接口 24V 开关电源采用并联输出方式,即由两套电源同时供电,当其中一台电源故障时,另一台电源继续供电。

### 五、接口配线

驱动机箱、采集机箱背部都安装有母板,驱动电路、采集电路都插在母板上,母板背部提供配线插座,用于和分线柜的配线接口相连;配线接口再通过电缆与组合架相连。

## 任务实施

### 任务5-7 EI32-JD型计算机联锁系统操作表示机/上位机、电务维修机和电源系统实训工单

| 班级及小组编号 | | 成员姓名 | |
|---|---|---|---|
| **任务描述** | | **预期目标** | |
| 任务名称 | EI32-JD型计算机联锁系统操作表示机/上位机、电务维修机和电源系统 | 知识目标:掌握EI32-JD型计算机联锁系统的操作表示机/上位机工作方式、电务维修机和电源系统功能和结构。<br>能力目标:掌握EI32-JD型计算机联锁系统的操作表示机/上位机工作方式、电务维修机和电源系统功能与结构。<br>素质目标:具有求知欲和刻苦学习、钻研的精神,具备归纳总结能力。 | |
| 任务编号 | 5-7 | | |
| 任务类型 | 理论 | | |

1. 查阅资料,回答相关问题。

| 知识点 | 图示/内容列举 |
|---|---|
| 操作表示机/上位机的综合机柜到运转室配线 | 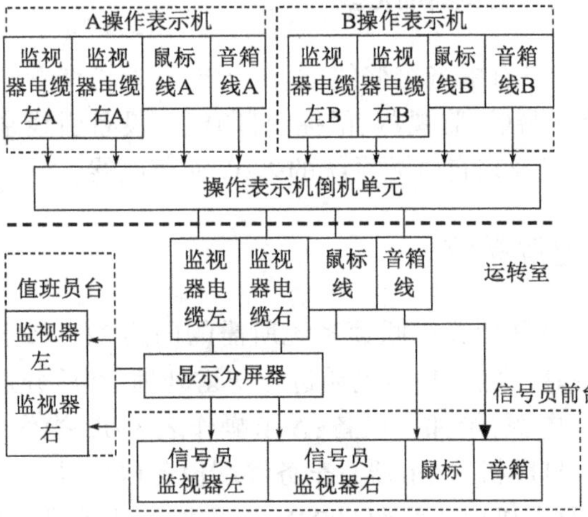 |
| 操作表示机倒机电路面板 | 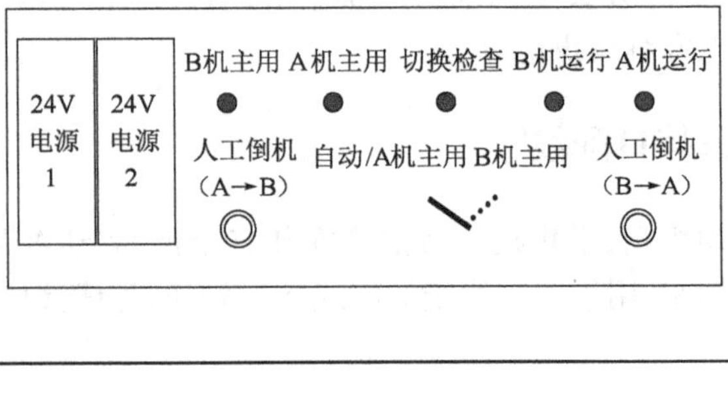 |

| | |
|---|---|
| 操作表示热备工作方式 | |
| 电务维修机功能(11项) | |
| 电务维修机配线 | |
| 电源系统 | |

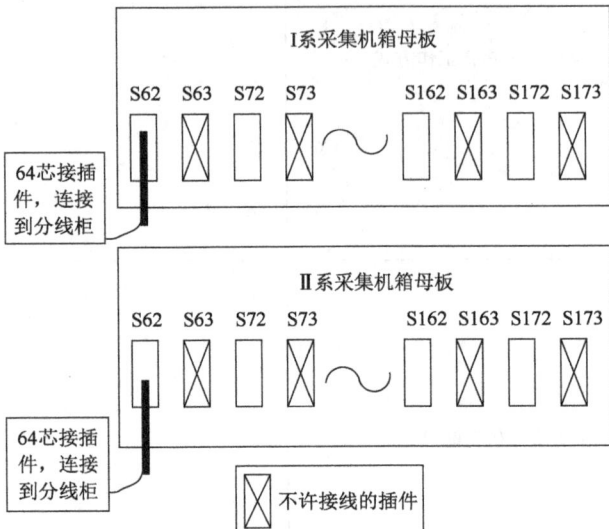

| 接口配线 | 采集机箱母板与64芯配线接口连接示意图（双系采集机箱母板间无环线）：<br><br>I系采集机箱母板<br>S62　S63　S72　S73　　　　S162　S163　S172　S173<br><br>64芯接插件，连接到分线柜<br><br>II系采集机箱母板<br>S62　S63　S72　S73　　　　S162　S163　S172　S173<br><br>64芯接插件，连接到分线柜<br><br>⊠ 不许接线的插件 |
|---|---|
|  | 驱动机箱母板与32芯配线接口连接示意图：<br><br>I系驱动机箱母板<br>S62　S63　S72　S73　　　　S162　S163　S172　S173<br><br>32芯镀金接插件，连接到分线柜<br><br>II系驱动机箱母板<br>S62　S63　S72　S73　　　　S162　S163　S172　S173<br><br>32芯镀金接插件，连接到分线柜<br><br>⊠ 不许接线的插件 |

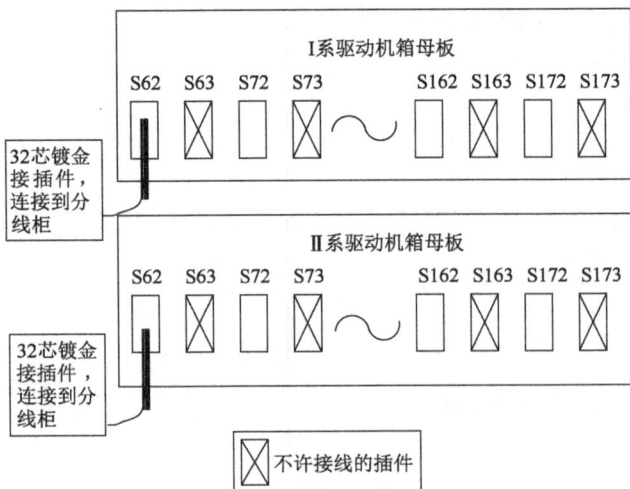

| 2. 描述操作表示机倒机电路面板指示灯的含义。 |
| --- |
| |
| 3. 描述电务维修机功能。 |
| |
| 4. 描述电源系统接口配线。 |
| |

| 学习效果评价 | | |
| --- | --- | --- |
| 评价指标 | 自我评价 | 教师评价 |
| 1. 知识学习效果 | | |
| 2. 能力目标达成度 | | |
| 3. 素质提升效果 | | |
| 本任务最终评价: | | |
| 教师签名: 年 月 日 | | |
| 注:1. 自我评价、教师评价和最终评价均采用等级表示,填写优、良、中、及格和不及格。 2. 最终评价作为本课程总评价内容之一。 | | |

# 任务5-8 计算机联锁系统故障信息和故障处理

## 任务描述

维护计算机联锁系统需要具备查看计算机联锁系统的故障信息表和处理典型故障的能力。本任务主要介绍计算机联锁系统的典型故障现象和处理步骤。

## 任务目标

1. 学会查看计算机联锁系统的故障信息表。
2. 掌握计算机联锁系统使用说明。
3. 学会辨别典型故障及其处理方法。

## 任务指导

电务维修人员可通过电务维修机查看系统运行中的故障信息,通过对故障信息的分析,辨别故障来源并对其进行处理。

### 一、显示故障

显示故障有以下几种情况:

(1)前台显示器无显示、电源灯闪烁,后台显示器正常(前、后台各有一台显示器)。

可能原因:

①视频信号未送到显示器插座。

②前台显示器视频电缆插头没接上,视频电缆断线。

③显示分屏器驱动前台显示器的一路故障。

④显示器出现故障。

处理方法:

①检查视频电缆插头,包括显示器后的和显示分屏器上的。

②在显示分屏器的输出端,交换前、后台显示器视频电缆。

a. 若前台显示器工作正常,后台显示器无显示、电源指示灯闪烁,则说明显示分屏器驱动前台显示器的一路故障。

b. 若前台显示器仍无显示、电源灯闪烁,则将后台的显示电缆接到前台显示器上。此时若显示正常,则说明原视频电缆损坏。若仍无显示,则说明显示器故障,需更换显示器。

注意:在换视频电缆时一定要先将显示器关闭,接好视频线后再将电源打开,否则极易损坏设备。

（2）前台显示器无显示、电源灯不亮，后台显示器正常（前、后台各有一台显示器）。

可能原因：

①交流电压 220V 电源未送到显示器电源插座。

②前台显示器电源插座松动没接上；电源断线；电源开关被关闭。

③显示器出现故障。

处理方法：

检查电源开关、电源插头、电源线。用表量电压，若无 220V 电压，检查供电线路；若有 220V 电压，仍无显示，则为显示器故障。

（3）前、后台显示器均无显示，且电源指示灯闪烁（前、后各有一台显示器）。

可能原因：

①视频信号未送到显示器的输入端。

②前、后台显示器的视频电缆线插头都松动或都断线（两条线）。

③主用操作表示机到操作表示机倒机单元视频电缆线未接通或断线（一条或两条线）。

④操作表示机倒机单元到显示分屏器视频电缆线未接通或断线（一条线）。

⑤主用操作表示机显示卡故障或死机。

⑥操作表示机倒机单元故障。

⑦显示分屏器故障。

⑧两台显示器均出现故障。

处理方法：

两条视频电缆都接触不良、都断线或两台显示器都出现故障的概率较低，判断故障时先不考虑此类情况（将显示器视频电缆插头插紧）。先将操作表示机倒机单元人为干预切换到备机，具体做法如下：

①若操作表示机 A 机为主用机，按下开关"人工倒机 A→B"，强制 B 操作表示机主用。

②若操作表示机 B 机为主用机，按下开关"人工倒机 B→A"，强制 A 操作表示机主用。

此时若前、后台显示器显示正常，说明原主用机显示卡出现故障，或显示卡到操作表示机倒机单元线断，或操作表示机倒机单元原主用侧继电器故障。接着需进一步检查，若不正常，则按如下方式处理：

①查看显示分屏器。

若显示分屏器电源指示灯不亮，说明故障在显示分屏器部分。

若显示分屏器电源指示灯亮，用备用视频电缆替换操作表示机倒机单元输出到显示分屏器输入的视频电缆。

a. 若前、后台显示器显示正常，说明替换下来的视频电缆线断线。

b. 若前、后台显示器显示均不正常，说明显示分屏器故障或两台显示器都出现故障。

②拿一台好的显示器接替换下来的旧的显示器。

a. 若显示正常，说明旧显示器故障。

b. 若仍无显示，则显示分屏器故障。

③将操作表示机倒机单元的视频输入（主用和备用）及输出端拔下，将输出端分别与主用

和备用机视频输入线相接(跳过操作表示机倒机单元)。

a. 若显示正常,说明操作表示机倒机单元故障。

b. 若仍无显示,说明操作表示机倒机单元到显示卡之间的视频电缆损坏。

紧急情况处理:当操作表示机倒机单元故障或显示分屏器故障,为保证生产运输,可按如下步骤处理,然后更换设备。

(a)操作表示机倒机单元故障:按第③步操作,鼠标线、音箱线也要做同样处理,然后检修倒机单元。

(b)显示分屏器故障:将显示分屏器上的输入视频线和往前台去的输出视频线从显示分屏器上拔下、对接,保证前台显示器正常使用(此时显示图像可能有点虚),更换显示分屏器后再恢复正常。

(4)前台显示器显示屏显示不正常(缺色),如白光带、白灯变成黄光带、黄灯,后台显示屏工作正常(前、后台各有一个屏)。

可能原因:

①显示分屏器到前台显示器视频电缆插接不牢或某条芯线断线。

②驱动前台显示器的显示分屏器相应位故障。

③前台显示器故障。

处理方法:

①把前台显示的视频电缆线拧紧,将前、后台显示器的显示电缆线在显示分屏器输出端交换。

a. 若前台显示器恢复正常,后台显示器故障与前台一样,则显示分屏器驱动前台显示器的一路出现故障或显示器电缆断线。

b. 若前台显示器仍显示不正常,则前台显示器有故障。

②将前台显示器显示电缆从显示分屏器的输出端拔下,插在显示分屏器驱动后台的输出插座上。

a. 若前台显示器显示正常,说明故障发生在显示分屏器驱动前台显示器的一路。

b. 若前台显示器显示仍不正常,说明显示电缆断线。

(5)前、后台显示器显示屏都不正常(缺色)(前、后台各有一个屏)。

可能原因:

①主用操作表示机显卡故障。

②主用操作表示机显卡到操作表示机倒机单元视频线插头未插紧。

③主用操作表示机显卡到操作表示机倒机单元之间视频电缆断线。

④操作表示机倒机单元主用机部分出现故障。

⑤操作表示机倒机单元到显示分屏器之间视频电缆出现故障。

⑥前、后台显示器视频电缆均接触不良(两条线)或两条视频电缆均断线。

⑦前、后台显示器都出现故障(两台)。

处理方法:

前、后台显示器视频电缆两条线均接触不良,两条线同时断线或前、后台显示器同时故障的概率极低,因此最后考虑此类情况。

将操作表示机倒机单元人为干预切换到备机,具体做法如下:

①若操作表示机 A 机为主用机,按下开关"人工倒机 A→B",强制 B 操作表示机主用。

②若操作表示机 B 机为主用机,按下开关"人工倒机 B→A",强制 A 操作表示机主用。

此时若前、后台显示器显示正常,故障出现在原主用机显示卡;若仍不正常,则可能是操作表示机倒机单元到显示分屏器间视频电缆故障,继续如下操作:

①用备用的视频电缆替换原视频电缆。

a. 若前、后台显示器显示正常,则是原操作表示机倒机单元到显示分屏器之间视频电缆故障。

b. 若仍不正常,则可能是显示器故障,或显示分屏器到显示器之间视频电缆故障。

②用一台新的显示器替换旧的。

a. 若替换后显示正常,则是显示器故障。

b. 若替换后显示仍不正常,则需要更换显示分屏器到显示器之间的视频电缆。

(6)前、后台显示器都是左屏无显示,电源指示灯闪烁,右屏均显示正常(前、后台各两台显示器)

可能原因:

①视频信号未送到显示器输入端。

②前、后台左屏显示器视频电缆插头都松动或断线(两条线)。

③上位主用机左屏显示卡故障。

④上位主用机到操作表示机倒机单元之间左视频电缆线未接好或断线(一条线)。

⑤操作表示机倒机单元到显示分屏器之间左视频电缆线未接好或断线(一条线)。

⑥显示分屏器驱动左屏显示部分故障。

⑦左显示器视频电缆线均未接好或断线(两条线)。

⑧前、后台两台显示器都出现故障或都被关闭。

处理方法:

将怀疑松动的地方都先插紧。由于两台设备或两条线同时出现故障的概率很低,可先考虑故障在别处。

查看左显示分屏器电源指示灯,若指示灯不亮,则故障在显示分屏器;若指示灯亮,则继续如下检查:

先将操作表示机倒机单元人为干预切换到备机,具体做法如下:

①若操作表示机 A 机为主用机,按下开关"人工倒机 A→B",强制 B 操作表示机主用。

②若操作表示机 B 机为主用机,按下开关"人工倒机 B→A",强制 A 操作表示机主用。

a. 切换后若前、后台左屏显示恢复正常,前、后台右屏亦正常,则说明原主用操作表示机显示卡故障,或原主用操作表示机左显示卡视频电缆故障,或操作表示机倒机单元原切换左屏线路出现故障。

b. 切换后若前、后台左屏恢复正常,前、后台右屏无显示(这种情况在双机热备冗余系统中出现的概率很低),这是在检查故障的过程中又发现了新故障,即原热备机中右屏显示卡、右屏视频电缆和操作表示机倒机单元备用右屏切换部分有问题,查找完当前故障再找新故障。

c. 切换后若前、后台左屏仍无显示,则说明故障出现在操作表示机倒机单元后,或显示器左视频电缆,或左显示分屏器,或前台左显示器。

为了确定具体故障处,接着可进行如下操作:

①将操作表示机倒机单元左、右屏输出视频电缆在上位倒机单元处交换。

a. 交换后,前、后台的左、右屏显示均正常,则是原左屏视频电缆线接插部分有问题。

b. 交换后,前、后台的左屏显示正常,右屏无显示,则故障可能是原左屏显示器视频电缆断线。

c. 交换后,若前、后台还是左屏无显示,则故障在左显示驱动单元或显示器。

②用备用视频电缆替换操作表示机倒机单元到左显示分屏器的视频电缆线。

a. 若前、后台显示屏正常,则是替换下的视频电缆故障。

b. 若前、后台显示屏仍无显示,则是左显示分屏器故障或显示器都出现故障。

③用新的显示器替换原左屏显示器。

a. 若显示器显示正常,则原显示器故障。

b. 若仍无显示,则是显示分屏器故障。

注意:若前、后台都是右屏无显示且电源显示灯闪烁,左屏显示正常,可参考上述方法判断右路。

(7)前、后台显示器都是左屏无显示,且电源指示灯熄灭,右屏显示正常。

可能原因:

①交流电压220V电源未送到前、后台左屏显示器输入插座,显示器被关闭或前、后台显示器都出现故障。

②显示器电源插头未插紧。

③前、后台显示器电源开关被关闭。

④220V电源未送达显示器或断线。

⑤前、后台显示器都出现故障。

处理方法:

①检查显示器电源开关,开关应处于按下位置。

②检查220V输入电源插头,看其是否有220V电压。

a. 若有220V电压,将插头插紧仍无显示,则是显示器出现故障。

b. 若无220V电压,检查220V供电线路,从显示器电源插头查到防雷柜显示器供电开关。

注意:若前、后台都是右屏无显示,且电源指示灯熄灭,左屏显示正常,可参考上述方法进行判断。

## 二、鼠标故障

鼠标故障表现为鼠标箭头在控制台显示屏上无法移动,命令无法下发。显示屏右下端计时正常。

可能原因:

①鼠标损坏,或鼠标因长期使用而出现卡顿或延迟。

②操作表示机倒机组合到控制台鼠标线未接好或断线。

③操作表示机倒机组合主用侧继电器接触不良。

④主用机COM1接口故障。

⑤主用机COM1接口到操作表示机倒机组合连线未接好或断线。

处理方法：

首先检查鼠标接线各插头插座，将其插紧。若恢复正常，说明线松脱，若不正常，则继续如下检查。

将原上位主用机人为干预切换到备用机，具体做法如下：

①若操作表示机A机为主用机，按下开关"人工倒机A→B"，强制操作表示机B机为主用机。

②若操作表示机B机为主用机，按下开关"人工倒机B→A"，强制操作表示机A机为主用机。

切换后若鼠标正常工作，说明原主用机COM1接口故障，主用机COM1接口到操作表示机倒机组合连线断线，操作表示机倒机组合后主用侧继电器出现故障。

若切换后鼠标仍不正常工作，将主用操作表示机切回原来的主用机，交换主备机之间COM1到操作表示机倒机组合之间的连线。若变换后鼠标正常工作，说明原主用机连线断线；若仍不正常，则说明原主用操作表示机COM1接口故障或操作表示机倒机组合继电器出现故障。检查更换继电器后若正常，则故障出现在继电器，若仍不正常，则主用机COM1口故障。

进行上述处理后，鼠标仍不正常工作，则故障出现在操作表示机倒机组合后，即鼠标损坏、操作表示机倒机组合到运转室之间鼠标连线断线。更换新鼠标后若正常，说明是原鼠标损坏（或原鼠标太脏，清洁后再试）；若不正常，则是操作表示机倒机组合到运转室的鼠标连线断线，用备用鼠标线替换断线。

## 任务实施

### 任务5-8  计算机联锁系统故障信息和故障处理实训工单

| 班级及小组编号 | | 成员姓名 | |
|---|---|---|---|
| | 任务描述 | | 预期目标 |
| 任务名称 | 计算机联锁系统故障信息和故障处理 | | 知识目标：学会查看计算机联锁系统的故障信息表，学会辨别典型故障及处理方法。<br>能力目标：能计算机联锁系统的故障信息表，辨别典型故障并进行处理。<br>素质目标：具有求知欲和刻苦学习、钻研的精神，具备归纳总结能力。 |
| 任务编号 | 5-8 | | |
| 知识类型 | 理实一体 | | |
| 1. 填写故障信息表。 | | | |
| 故障信息 | | 含义 | 可能的故障原因 |
| 采集（第××板第××路）前后接点混线 | | 某个继电器的前后接点同时采集到为闭合状态 | 该继电器或配线有故障 |

| 故障信息 | 含义 | 可能的故障原因 |
|---|---|---|
| 道岔××室外混线(定、反表都有) | 某道岔DBJ、FBJ都采集到为前接点闭合状态 | 组合架配线或与联锁系统间配线有故障 |
| 调信××的DXJ室外混线信号因故障关闭 | DXJ吸起,但未经联锁系统驱动 | |
| 采集(第××板第××路)前后接点均断开 | 某个继电器的前后接点同时采集到为断开状态 | 组合架继电器或配线有故障 |
| 采集(第××板第××路)驱采机B有采集,驱采机A无采集 | | 驱采机A中对应的采集板有故障 |
| 采集(第××板第××路)驱采机A有采集,驱采机B无采集 | | 驱采机B中对应的采集板有故障 |
| 驱采机A,第××块采集板故障 | | 频繁出现该提示信息,表明该采集板故障 |
| 联锁机A,系统控制板采集故障 | | 频繁出现该提示信息,表明该系统控制板有故障 |
| 联锁机A,系统控制板输出检查错误 | | 频繁出现该提示信息,表明该系统控制板有故障 |
| 操作表示机倒机单元故障 | | |
| 查询不到主控联锁机 | | 两台联锁机同时故障 |
| 联锁机A与驱采机A间LAN通信中断 | | 在驱采机A重启时,该提示属于正常信息 |
| 联锁机A与联锁机B间LAN通信中断 | | 在联锁机B重启时,该提示属于正常信息 |
| 联锁机B与联锁机A间LAN通信中断 | | 在联锁机A重启时,该提示属于正常信息 |
| 操作表示机与联锁机A间通信中断 | | 在联锁机A重启时,该提示属于正常信息 |
| 操作表示机与联锁机B间通信中断 | | 在联锁机B重启时,该提示属于正常信息 |

2. 典型故障及故障处理方法。

| 故障类别 | 故障现象 | 可能原因 | 处理方法 |
|---|---|---|---|
| 显示故障 | 前台显示器无显示、电源灯闪烁,后台显示器正常(前、后台各有一台显示器) | | |
| | 前台显示器无显示,电源灯不亮,后台显示器正常(前、后台各有一台显示器) | | |

| 故障类别 | 故障现象 | 可能原因 | 处理方法 |
|---|---|---|---|
| 显示故障 | 前、后台显示器均无显示,且电源指示灯闪烁(前、后台各有一台显示器) | | |
| | 前台显示器显示屏显示不正常(缺色),后台显示屏工作正常(前、后台各有一个屏) | | |
| | 前、后台显示器显示屏都不正常(缺色)(前、后台各有一个屏) | | |
| | 前、后台显示器都是左屏无显示,电源指示灯闪烁,右屏显示都正常(前、后台各两台显示器) | | |
| | 前、后台显示器都是左屏无显示,且电源指示灯熄灭。右屏显示正常 | | |
| 鼠标故障 | 鼠标箭头在控制台显示屏上无法移动,命令发不下去。显示屏右下端计时正常。 | | |

3. 描述系统各显示故障原因分析及故障排除方法。

| 学习效果评价 | | |
|---|---|---|
| 评价指标 | 自我评价 | 教师评价 |
| 1. 知识学习效果 | | |
| 2. 能力目标达成度 | | |
| 3. 素质提升效果 | | |

本任务最终评价：

教师签名：　　　　年　　月　　日

注：1. 自我评价、教师评价和最终评价均采用等级表示，填写优、良、中、及格和不及格。

　　2. 最终评价作为本课程总评价内容之一。

# 参 考 文 献

[1] 中国铁路总公司. 铁路技术管理规程(普速铁路部分)[M]. 北京：中国铁道出版社，2014.

[2] 中国铁路总公司. 铁路技术管理规程(高速铁路部分)[M]. 北京：中国铁道出版社，2014.

[3] 中国铁路总公司. 普速铁路信号维护规则　技术标准[M]. 3版. 北京：中国铁道出版社，2015.

[4] 林瑜筠，刘连峰，徐清. 自动闭塞图册[M]. 北京：中国铁道出版社，2012.

[5] 林瑜筠，刘连峰，洪冠. 计算机联锁图册[M]. 北京：中国铁道出版社，2012.